가족 독서토론 시리즈 08

최선의 삶
Living for the best

목차

1부 가장 귀한 것을 드리다
1장 다니엘, 하나님께 영혼의 창을 열다　6
2장 아브라함, 가장 귀한 것을 헌신하다　22
첫째 주일 저녁 독서토론 모임　35

2부 최선의 삶을 살아가다
3장 요셉, 주어진 삶에 최선을 다하다　40
4장 예레미야, 어려움 속에서 최선을 다하다　55
둘째 주일 저녁 독서토론 모임　69

3부 최고의 열매를 거두다
5장 다윗, 최고의 승리를 거두다   74
6장 솔로몬, 최고의 지혜를 구하다   87
7장 야곱, 최고의 기회를 붙잡다   100
셋째 주일 저녁 독서토론 모임   115

4부 가장 소중한 가치를 소유하다
8장 엘리야, 가장 소중한 가치를 전하다   120
9장 요나단, 최고의 가치를 소유하다   135
넷째 주일 저녁 독서토론 모임   149

머리말

어느 큰 잡지사에 꽤 영향력이 있는 편집장이 내게 자신의 소신을 밝힌 적이 있다. "저는 사람들에게 진리를 알리고자 글을 씁니다. 항상 예화나 이야기를 통해 진리를 생생하게 전하려고 노력하지요. 그래서 제 글을 읽는 사람들은 진리를 깨달으면서 참 기쁨을 느끼곤 한답니다."

나는 그 편집장의 말을 염두에 둔 채 이 책을 집필하면서 독자들과 몇 가지 놀라운 진리를 나누고 싶었다. 즉, 잘 알려진 역사적 인물들을 통해 몇 가지 놀라운 진리를 생생하게 전하는 것이다. 이 책에 등장하는 구약 시대의 인물들은 먼 과거의 사람들이지만, 당신은 시대와 지역을 뛰어넘어 그들의 마음을 충분히 공감할 수 있을 것이다. 이 책을 읽으면서 당신의 마음속에 구약의 영웅들이 다시 살아 숨 쉬길 바란다. 그래서 그들이 전하는 진리가 당신의 인생에 큰 힘이 되길 간절히 소망한다.

제임스 G. K. 맥클루어

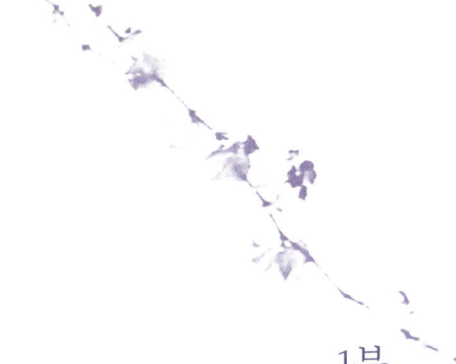

1부
가장 귀한 것을 드리다

1장 다니엘, 하나님께 영혼의 창을 열다
2장 아브라함, 가장 귀한 것을 헌신하다

가장 소중한 것이 무엇이든 하나님은 그것을 바치길 바라신다. 누구든지 하나님께 귀한 것을 내어드린다면 하나님과의 관계가 더 깊고 친밀해지고 좀 더 행복하고 풍요로운 인생이 될 것이다.

1장 다니엘, 하나님께 영혼의 창을 열다

"매일 아침 창문을 열고 하늘에 펼쳐진 하나님의 사랑과 선하심을 보고 있노라면 주님을 찬양하지 않을 수 없나이다." 종교개혁 시기 바르트부르크 성에 피신해 있던 종교개혁가 마르틴 루터Martin Luther는 매일 아침 창문을 열고 하늘을 올려다보며 찬송을 불렀다.

"하나님은 우리의 피난처시요 힘이시니 환난 중에 만날 큰 도움이시라"시 46:1

그렇게 루터는 말씀 안에서 하루하루 살아갈 힘을 얻었다.

영국의 비평가 존 러스킨John Ruskin도 창문을 열고 풍경을 바라보는 즐거움을 잘 알고 있었다. 존 러스킨은 브랜트우드에 있는 자신의 저택에 머무는 손님들에게 이른 아침 문을 두드리며 이렇게 말했다고 한다. "창문을 열고 바깥 풍경 좀 보시겠어요?"

러스킨의 요청에 손님들은 창문을 열어 눈앞에 펼쳐진 아름다운 장관과 마주했다. 하늘에서 쏟아지는 찬란한 햇빛과 끝없이 펼쳐진 장엄한 숲을 바라보고 있으면 근심과 걱정은 연기처럼 사라지고 새로운 소망이 부풀어 오르는 것 같았다.

바깥 풍경만큼 영혼을 평안하게 만드는 것도 없다. 영혼의 방에 어두운 그림자가 짙게 깔리면 실의와 절망감에 빠지게 되지만, 반대로 밝은 햇빛이 들어오면 생명과 활기가 가득 넘쳐난다.

어떤 사람에 대해 파악할 때 "그 사람은 어떤 풍경을 보고 있는가?"와 같은 질문을 해볼 수 있다. 나쁜 풍경을 보고 있으면 생각과 행동도 나빠지지만, 좋은 풍경을 보고 있으면 생각과 행동이 잠깐 동안은 나쁠 수 있어도 궁극적으로는 좋은 방향으로 나아갈 것이기 때문이다.

역사가 토마스 칼라일Thomas Carlyle은 '사람은 작은 창을 통해 영원한 것을 볼 수 있다'고 말했다.

바로 다니엘의 믿음이 그러했다. 다니엘은 자신이 믿는 바에 따라 행동했으며, 그의 영혼의 창은 늘 무한한 대상을 향해 열려 있었다. 그래서 오늘날 우리는 성경을 읽으면서 다니엘에게 흥미를 갖고 그의 행동에 감탄하며 그를 존경하는 것이다.

이슬람교도는 어느 곳에 있든 메카 쪽을 향해 알라에게 기도하는데, 그들에게 메카는 이슬람교의 근원이자 그들을 하나로 만드는 중심지다. 마찬가지로 고대 이스라엘 백성들에게도 예루살렘은 하나님을 예배하는 곳이자 이스라엘 백성을 하나로 묶는 중심지였다.

'예루살렘'은 그 이름 자체가 이스라엘 백성들의 신앙을 고취시키고 애국심을 불러일으켰다. 따라서 그들이 예루살렘을 향해 영혼의 창을 여는 것은 세상에서 가장 가치 있는 것을 향해 마음을 여는 행위였다.

거대한 메대-바사 제국의 총리였던 다니엘은 웅장한 궁전에서 살았는데, 그곳에 있는 모든 방에는 각각 창문들이 달려 있었다. 그중에서도 다니엘에게는 가장 특별하고도 은밀한 다락방이 하나 있었는데, 그 다락방의 창문은 예루살렘 쪽을 향해 있었다. 다니엘은 하루에 세 번씩 그 다락방의 창문을 열고 하나님께 무릎 꿇어 기도했다.

다니엘은 매일 습관처럼 기도했다. 삶이 비교적 평안할 때나 또는 힘든 일이 있을 때도 그는 방에 들어가 쉬지 않고 기도했다. 일상에서 수많은 일들이 벌어졌지만 다니엘은 변함없이 하루 세 번, 은밀한 골방에 들어가 예루살렘을 향해 창문을 열고 기도했다.

그러던 어느 날, 생각지도 못한 일이 벌어졌다. 다리오 왕이 앞으로 30일 동안 왕 아닌 다른 신이나 사람에게 기도하는 사람은 사자 굴에 던져버리겠다는 금령을 엄포한 것이다.

바사인들은 항상 왕을 신처럼 모셨고, 더욱이나 왕에게는 신적 권위가 부여되었기 때문에 왕이 만드는 모든 법령은 그 자체로 절대적 진리나 마찬가지였다. 그래서 왕이 세운 금령과 법도는 어느 누구도 함부로 고치거나 어길 수 없었다.

제국의 모든 백성에게 내려진 이 금령은 국가 정책의 일환이었을지도 모른다. 그래서 이제 막 세워진 메데-바사 제국의 왕, 다리오는 금령을 반포함으로써 제국 내 백성들이 자신에게 얼마나 충성하는지 시험해 볼 수 있었다. 백성들이 자신에게만 절을 한다면 충성스러운 신민이 되는 것이고 그렇지 않으면 불충한 자가 되는 것이었다.

하지만 그럴듯한 금령의 배후에는 속셈이 숨어 있었다. 당시 제국의 많은 관원들은 다니엘을 시기하고 있었는데, 그것은 이방 나라 출신인 다니엘이 자기들보다 높은 자리를 차지하고 있었기 때문이다. 관원들은 다니엘을 어떻게든 제거하려고 그의 허물을 찾았지만 모든 임무를 완벽하게 완수했던 다니엘에게서 허물이나 실책을 발견하기는 힘들었다.

결국 관원들은 최후의 수단으로 금령을 만들어 냈는데, 그것은 다니엘이 평소 다리오 왕이 아닌 여호와 하나님께 기도한다는 사실을 알고 있었기 때문이다. 그들은 제아무리 다니엘이라고 해도 이 금령을 어기면 사형을 면치 못할 것이라고 생각했다.

금령이 반포되었다는 사실을 잘 알고 있었던 다니엘은 이후 어떻게 행동했을까? 시기심 가득한 관원들은 다니엘을 철저히 감시하기 시작했다. 다니엘이 집 안으로 들어가는 걸 멀리서 지켜보았거나, 집 안에 첩자들을 심어 두었을지도 모른다. 그러다 누군가가 방과 방을 지나 다락방까지 올라가는 다니엘을 쫓아가서 예루살렘을 향해 창문을 열고 하나님 앞에 무릎을 꿇는 그의 모습을 포착했다.

하나님께 영혼의 창을 여는 것은 다니엘에게는 가장 중요한 일이었기 때문에 그 누가 위협한다 해도 그는 그 일을 멈출 수 없었다. 다니엘은 최고의 신인 하나님을 향해 영혼의 창을 열었다. 다니엘에게 예루살렘은 최고의 신이신 하나님을 상징했기 때문이다.

열네 살에 고향을 떠나 다른 종교를 숭배하는 이방 사람들 속에서 지내야 했던 다니엘은 갈대아 사람들의 종교를 알게 되었고, 느부갓네살 왕과 벨사살 왕이 통치하면서 그 종교가 어떻게 변화되는지 지켜보았다.

제국의 왕들은 종교를 제 입맛에 맞추어 변형시켰다. 그들의 신전은 휘황찬란했고 의식은 화려했으며 희생제는 사람들의 눈을 자극했다. 하지만 그 같은 이방 종교에 관심이 생기기는커녕 그가 보기에 그들의 종교는 진정성도 없고 거룩하지도 않으며 눈속임만 가득했다.

당시 바사인들은 불을 신성시하는 배화교(拜火敎)를 믿었는데, 그중에서도 태양을 숭배했다. 매일 아침 장엄하게 지평선 위로 떠오르는 태양은 힘 있는 자나 그 어떤 자연의 힘으로도 막을 수 없다.

태양은 새들을 노래하게 하고, 들짐승들을 뛰어놀게 하며 인간이 활동할 수 있는 환경을 제공해준다. 태양은 또한 풀이 자라나게 하고, 꽃을 피우게 하며, 호수와 바다의 물을 하늘로 빨아올린 뒤 마른 땅에 비를 뿌려 생기를 되찾게 한다.

오늘날처럼 과학 지식이 발전하지 않았던 시대에 바사인들이 이 같은 생명의 근원이 되는 태양을 숭배한 것은 어쩌면 당연한 일일지도 모른다. 그 당시에는 만물을 아름답게 하고 에너지를 만들어 내는 온갖 종류의 불을 숭배하는 것은 전혀 이상한 일이 아니었다.

이처럼 바벨론에는 배화교뿐 아니라 다른 여러 종교를 숭배하는 사람들로 가득했지만, 다니엘은 예루살렘을 향해 쉬지 않고 창문을 열었다. 어떤 이방 종교는 삶의 의미를 추구하는 영혼에게 답을 주려 했고, 또 어떤 종교는 정치권력을 얻는 데 실제적인 도움을 주기도 했다.

하지만 다니엘에게는 오로지 한 종교만이 가장 고귀하고 가치가 있었다. 오직 그 종교만이 다니엘의 영혼을 활짝 열어주었다. 그가 믿는 하나님은 만물을 지으신 창조주시며 인간뿐 아니라 태양도 다스리시는 만물의 주인이셨다.

예루살렘은 바로 하나님을 상징했다. 거룩하신 하나님은 인간에게 친구이자 조력자로 다가오신다. 다니엘은 누구와도 비교할 수 없는 하나님, 즉 거룩하시고 인간의 죄를 용서하시며 회개하는 자를 절대 책망하지 않으시는 하나님을 가르치는 종교를 그 어떤 곳에서도 찾을 수 없었다. 오직 한 종교만이 영원하신 그분을 '만왕의 왕이요 만주의 주'라고 고백하게 했다.

어느 유명한 사상가가 학생들에게 이런 말을 한 적이 있다. "지금까지 저는 한 가지 단순한 원칙을 지키며 살아왔는데 덕분에 많은 유익을 얻었습니다. 영적인 문제에 이 원칙을 적용했을 때 단 한 번도 실패해본 적이 없었습니다. 그 원칙은 바로 '최고를 믿는 게 최선이다'입니다."

사상가는 이 말의 의미를 다음과 같이 풀이했다. "맹목적이고 무자비하게 권력을 휘두르는 종교보다, 오직 '사랑'이란 이름 아래 어떤 인격적인 존재가 모든 만물을 주관하고 있다고 가르치는 종교가 우리에게 참 소망을 줍니다. 그 종교는 다른 이방 종교처럼 비좁은 건물 내부에 있지 않고 아름답고 드넓은 이 땅 위에 존재합니다. 그 종교는 인류의 섬김을 하나님을 향한 감사와 찬양으로 만들고, 인류의 교육을 선한 목적을 이루기 위한 수단으로 만듭니다. 그 종교는 우리 모두가 하나님의 자녀이며, 죄인이 거듭나서 구원을 얻게 되면 마침내 영생을 얻게 될 것이라고 가르칩니다.

이러한 종교가 최고의 종교입니다. 이 종교는 우리에게 위대한 소망과 최상의 영감을 주며 최고의 목적을 부여하고 최선의 결과를 가져다줍니다. 최고의 종교를 따르는 것이 최선입니다. 즉, 최고의 종교를 따름으로써 우리는 가장 인간다운 삶을 영위할 수 있고 담대하게 삶과 죽음을 마주할 수 있습니다."

다니엘도 이 진리를 깊이 깨닫고 현명하게 처신했다. 주위의 이방 종교들이 정신을 산만하게 하고 은밀하게 유혹했지만 그는 꿋꿋이 하나님께 영혼의 문을 열었다. 다니엘처럼 정직한 사람이라면 최고의 종교에 마음을 여는 것이 당연하다. 기독교는 최고의 종교이며 하나의 진리를 주장하므로 다른 종교와 근본적으로 양립하기 어렵다.

하지만 다른 종교를 연구하는 것 자체가 잘못된 것은 아니다. 여러 종교인들이 각자 자신의 종교에 대해 강하게 피력하는 종교 회의에도 기꺼이 함께 자리할 수 있다. 어떤 종교는 마음에 평안을 준다고 해서 인기가 있고 또 어떤 종교는 영웅을 숭배하는 것으로 관심을 끈다.

이렇게 모인 종교인들이 최고의 종교를 찾기 위해 마음을 열고 서로 이야기를 주고받는 동안에는 각 종교에 대해 이런저런 칭찬들이 오고갈 수 있다. 그러다가 기독교에는 다른 종교에서는 볼 수 없는 하나님의 은혜와 축복이 있음을 주장하며 그 존재를 강력히 드러낸다.

지적인 존재인 인간이 기독교의 가치에 대해 의심을 갖는 건 당연하다. 역사를 보면 각 세대마다 기독교에 대해서 의심을 품어왔다. 특히 오늘날 우리 세대는 성경의 원저자가 누구인지, 그리스도의 인격과 사역에 관한 기록이 진짜인지를 의심하고 있다.

또한 사람들은 이 세상이 무분별하고 저항할 수 없는 무정한 힘에 사로잡혀 있지는 않은지, 우리 존재가 단순한 원자 덩어리인지, 우리가 과연 죄에 속박된 상태에서 벗어날 수 있는지, 사람이 죽으면 어디로 가는지 등에 대해서 끊임없이 질문하고 있다.

이런 질문을 마주한 그리스도인은 어떻게 대답해야 할까? 인간의 삶을 영화롭게 하고 인성을 바르게 해주는 최고의 존재 앞에 우리는 영혼의 창을 계속 열어 두어야 한다. 이는 우리가 반드시 해야 하고 기꺼이 할 수 있는 일이다. 그렇게 할 때 우리의 영혼은 진리에 더 가까이 다가갈 수 있을 것이다.

다니엘은 최고의 종교가 주는 최고의 명령 앞에 문을 열어두었다. 다니엘은 어린 시절부터 바벨론의 왕궁에 들어와 살았는데, 왕궁에 함께 들어온 동료들은 그와는 달리 높은 이상을 품고 있지 않았다. 그들의 신앙은 겉치레에 불과했고, 다니엘을 둘러싼 환경은 추악하고 부정한 것으로 만연해 있었다. 인품이 좋은 사람은 눈을 씻고 찾아봐도 없었다. 그들의 음란함은 날로 심해졌고 권력을 얻기 위해 여기저기서 뇌물을 주고받았으며, 힘이 없는 사람이 권력자의 발에 짓밟히는 일이 비일비재했다. 왕이나 백성이나 하나같이 자기 이익 챙기기에 여념이 없었다.

그러나 다니엘은 이처럼 세속적 가치가 판치는 분위기 속에서도 전혀 휘둘리지 않고, 날마다 하나님의 말씀을 묵상하면서 중심을 지켜나갔다.

하나님은 우리에게 의롭고 거룩하게 살라고 말씀하시며 이웃을 사랑하고 섬기는 삶을 살라고 명령하신다. 다니엘은 포로 생활 내내 주위 환경에 영향을 받지 않기 위해서 이 같은 하나님의 말씀을 쉼 없이 묵상했다.

다리오 왕이 금령을 발표한 날부터 다니엘은 위험을 피할 수 없었다. 시기심에 불타던 관원들은 벌써부터 다니엘의 죽음을 예견하며 기뻐했고, 어쩌면 다니엘 자신도 목숨이 위협받자 마음이 약해졌을지도 모른다.

그는 아브라함이 자신의 아내 사라를 누이라고 속여 애굽에서 목숨을 구했던 일이나, 기브온 사람들이 여호수아에게 속임수를 써서 살아남았던 일을 떠올렸을 것이다. 또는 마음속으로 '딱 30일 동안만 하나님께 기도하는 일을 잠시 멈추면 안 될까? 고향에서 이렇게나 멀리 떨어진 바벨론에서 잠깐 하나님께 기도하는 일을 멈춘다고 해서 뭐가 달라지기나 하겠어?'라고 생각했을지도 모른다.

이처럼 유혹은 무서운 것이다. 실제로 많은 사람들이 유혹

앞에서 무너진다. 하지만 다니엘은 유혹에 굴복하지 않았다. 그는 하나님의 말씀에 시선을 고정했다. 하나님은 다니엘에게 옳은 일을 행하고 순교를 하더라도 원칙에 충실하라고 말씀하셨다.

다니엘은 보디발의 아내에게 유혹을 받았지만 하나님께 끝까지 죄를 범하지 않았던 요셉을 생각했다. 요셉은 죄를 짓지 않으려고 하나님께 목숨까지 내놓겠다고 다짐했던 사람이었다. 이렇게 굳건한 믿음으로 무장한 다니엘을 당해낼 사람은 아무도 없었다.

다니엘처럼 유혹에 노출된 많은 신앙인들은 때로 다른 사람의 말을 듣고 유혹을 물리치기도 한다. 어떤 사람에게는 하나님의 사람으로서 의무를 다해야 한다는 아내의 격려가 죄 앞에서 굳건히 버티게 하는 힘이 될 수도 있다.

또 고향을 떠나 낯선 곳으로 가게 된 젊은이가 온갖 유혹 속에서 신앙을 지키기 힘들었을 때, 타락한 인생을 사느니 차라리 목숨을 버리는 편이 낫다던 어머니의 단호한 말씀을 되새기며 마음을 다잡을 수도 있다.

하나님은 우리에게 원칙을 지키며 충성을 다하라고 말씀하신다. 또한 자기를 포기하고, 거룩한 삶을 살아가라고 요청하신다. 그러나 영혼의 창을 예루살렘을 향해 열어놓지 않은 사람은 하나님께서 요구하시는 바를 결코 실현해 낼 수 없다. 거룩하고 성결한 영혼을 소유하려면 늘 하나님을 향한 높은 이상을 유지해야 한다.

다니엘은 하나님의 약속을 향해 영혼의 창을 열었다. 고향을 그리워하는 다니엘에게 환관장이 호의를 베풀고, 꿈 풀이를 잘한다는 이유로 왕이 은혜를 내린다 해도 그는 언제든지 절망에 빠질 수 있는 약한 존재였다. 오늘날로 보자면, 이교도의 위협이 끊이지 않는 이국땅에 홀로 남겨진 선교사와 같은 처지였던 것이다. 다른 사람들을 통해 힘과 위로를 얻고 싶어도 그에게는 고민을 나눌 신앙의 동지가 없었다.

하나님께서 직접 말씀을 주셨거나 선교의 열매를 맺을 만한 증거가 눈에 보이는 것도 아니었다. 그렇기 때문에 다니엘은 더더욱 날마다 하나님 앞에 나아가 마음의 피난처를 찾아야 했다. 하나님이 늘 함께하시고 지켜보시며 필요한 것을 채워 주신다는 위로의 말씀을 믿어야 했다.

이런 다니엘이 하나님의 약속 앞에 영혼의 창을 열었을 때 얼마나 큰 위로를 받고 용기를 얻었겠는가!

하지만 다니엘은 그의 다락방까지 감시를 당하고 있었고, 많은 권력자들이 다니엘을 죽이려고 혈안이 되어 있었다. 그는 당장 도움을 받을 친구나 조력자도 없이 위기 앞에 홀로 서야만 했다. 다니엘은 용감하고 단호한 사람이었을지 모르지만 우리와 같은 성정을 지닌 인간이었다. 그래서 그는 겟세마네 동산에서 예수님이 누군가의 동정을 원했던 것처럼 자신도 누군가에게 의지하고 싶었다.

그러나 다니엘은 하나님만을 바라보며 그를 도우시고 보호하시겠다고 약속하신 하나님의 말씀으로 영혼을 가득 채웠다. 이 같은 하나님의 약속이 다니엘의 의지를 강철 같이 단단하게 만들었다.

우리 영혼이 하나님의 약속을 의지하면 우리는 모든 것을 해낼 수 있다. 경건한 사람들이 세상을 좀 더 선한 곳으로 만들려고 하다가 좌절하거나 실망하는 경우가 있는데, 그때는 예수 그리스도를 통해 이 땅을 회복하고 승리를 주시겠다는 주님의 말씀을 붙들면 된다.

죄와 맞서 싸우다 보면 분명 지칠 때가 오는데, 이때도 힘과 능력을 더해주신다고 약속하신 하나님 앞에 나아가면 된다. 즉, 죄로 인해 고통 받고 실의에 빠진 사람들은 예수 그리스도의 빛 가운데 참 평화를 누리게 될 것이라는 하나님의 말씀에 마음의 문을 열어야 하는 것이다.

그런데 누구에게나 하나님을 향해 열려 있던 영혼의 창이 닫히는 순간이 온다. 사람들은 죄를 지으면 마음의 창문을 닫고 악한 마음을 품으면서 반사적으로 하나님의 얼굴을 쉽게 외면하지 않는가? 아담과 하와도 죄를 지었다는 사실을 깨닫고는 하나님으로부터 몸을 숨겼다. 종교 개혁가를 처형하던 사람들도 귀를 막고 그들이 말하는 진리를 듣지 않으려고 했다.

우리는 하나님을 향해 창문을 열 시간이 없다고 핑계를 대면서 인간관계, 일, 놀이, 공부에는 창문을 활짝 열어 놓고 하나님을 향해서는 단 한 개의 창도 열지 않는다. 인생의 창을 거룩한 하나님의 나라가 아닌 엉뚱한 곳을 향해 열어 놓은 채, 홀로 골방에 들어가 하나님이 우리의 영혼을 인도하시도록 자신을 내어드리지 않는다.

이제부터라도 골방에 들어가서 하나님을 향해 창문을 열어야 한다. 그러면 어느새 따스한 빛과 말씀과 신성한 영감과 열정이 우리 마음속으로 들어온다. 하나님이 베푸시는 은혜를 소중하게 여길 때 틀어진 인생의 방향이 바로잡히고 새로운 용기를 얻을 수 있다. 또한 비전이 명확해지며 다니엘처럼 주어진 삶을 거룩하고 온전하게 영위해 나갈 수 있다.

최고의 존재를 향해 마음의 창을 열고 산다는 건 더 없는 축복이며 누구나 이 축복을 누릴 수 있다. 많은 사람들과 함께 있든 혼자만의 시간을 갖든, 우리는 홀로 들어갈 비밀의 다락방을 마음속에 가지고 있어야 한다. 그 다락방의 창문을 활짝 열고 하나님을 바라본다면 주님은 우리 영혼에 소망의 빛을 비추시고 모든 것을 할 수 있는 능력을 부어주실 것이다.

2장 아브라함, 가장 귀한 것을 헌신하다

하나님은 모든 사람이 가장 귀한 것을 헌신하길 바라신다. 이것이 하나님의 방식이다. 하나님은 각 사람에게 "바라건대, 네가 가진 소유물 중 무엇이든 가장 귀한 것을 내게 바치라"고 말씀하신다.

예로부터 하나님을 믿는 사람들은 자신의 전부를 바치지 않으면 하나님을 온전히 따를 수 없다는 것을 알았다. 또 가장 좋은 것이란 그 사람이 가진 '모든 것'인데, 그 모든 것이 하나님께 속하지 않으면 그의 마음과 정신도 실제로 하나님께 속하지 않는다는 사실도 알았다.

아브라함도 이러한 진리를 알고 있었다. 아브라함이 하나님 앞에서 자신이 온전히 헌신하는 사람인지 돌아보고 있을 때,

외아들 이삭에 대한 생각이 마음속에 들어왔다. 이삭은 하나뿐인 귀한 아들이었다. 아브라함은 눈에 넣어도 아프지 않을 정도로 그를 사랑했다. 아브라함에게 이삭은 최고의 보물이자 삶의 희망이었고, 아들이 있기에 삶의 의욕과 기쁨이 넘쳐났다.

그런 아브라함이 과연 최고의 보물인 이삭을 하나님께 기꺼이 바칠 수 있었을까? 그는 하나님께 바친다는 것이 무슨 의미인지 알고 있었다. 아브라함 시대에서 '바친다'는 것은 하나님께 희생제를 지낸다는 것을 의미했다. 즉, 어린 양을 바친다는 것은 신의 제단 위에서 어린 양을 죽인다는 의미였다. 따라서 하나님께 이삭을 바친다는 것은 여호와의 제단 위에서 이삭을 죽인다는 말이었다.

아브라함의 머릿속에 이런 생각들이 스쳐 지나갔고, 하나님이 자신에게 최고의 보물을 바치길 원한다는 사실을 알았다. 그때 마음속에 하나님의 음성이 들려왔다.

"아브라함아, 네가 나에게 최고의 것을 바칠 준비가 되었다면 네가 사랑하는 외아들 이삭을 데리고 모리아 산으로 올라가 번제를 드려라" 창 22:2

이는 하나님께서 아브라함에게 내리신 명령 가운에 가장 지키기 힘든 명령이었다. 그러나 아브라함은 묵묵히 하나님이 요구하신 일을 수행했다. 아들을 희생 제물로 바치는 것이 하나님과 그분의 나라를 위한 온전한 헌신이라 믿으며 칼을 든 손을 높이 치켜 올렸다.

그 순간 하나님은 아브라함을 멈추게 하셨고, 이 일을 통해 아브라함의 절대적인 충성심을 확인하실 수 있었다. 모든 세대로부터 '믿음의 조상'이라고 불릴 만한 자격을 지니게 된 아브라함은 하나님께 최고의 선물을 바치고자 하는 모든 사람들에게 귀한 본보기가 되었다. 하나님은 아브라함에게 다음과 같이 약속하셨다.

"내가 네게 큰 복을 주고 네 씨가 크게 번성하여 하늘의 별과 같고 바닷가의 모래와 같게 하리니 네 씨가 그 대적의 성문을 차지하리라. 또 네 씨로 말미암아 천하 만민이 복을 받으리니 이는 네가 나의 말을 준행하였음이니라" 창 22:17-8

이 역사적인 장면을 시작으로 인류 구원의 역사가 시작되었고, 이 사건은 하나님이 주관하시는 웅대한 구원 사역의 서곡이 되었다. 아브라함으로부터 예수님에까지 이르는 구원의 역사가 시작된 것이다.

이제는 우리가 예수님 안에서, 그분을 통해 그리고 그분을 위해 하나님과 세상을 향한 가장 귀한 선물을 드려야 한다.

그렇다면 우리가 헌신해야 할 가장 귀한 것이란 무엇일까? 말라기 시대에는 사람들이 성전에 제물로 가축을 가지고 왔다. 눈이 멀거나 다리를 절거나 병이 든 가축은 하나님께 드리는 가장 귀한 제물이 될 수 없었고, 눈빛이 선명하고 다리가 튼튼하고 몸도 건강한 가축이라야 최고의 제물로 여겨졌다. 누구나 두 달란트, 다섯 달란트, 열 달란트 중 열 달란트를 최고로 여길 것이다. 이처럼 그 사람이 제일 소중하다고 생각하는 것과 유익한 것이 가장 귀한 제물이다.

보통 이 두 가지는 일치한다. 즉, 한 사람에게 제일 소중한 것이 세상에 줄 수 있는 가장 유익한 것이다. 자신이 가진 것을 정성을 다해 바친다면 그것이 무엇이 되었든 하나님과 세상에 바치는 가장 귀한 제물이 될 것이다.

대의(大義)를 위해 몸과 마음을 다해 자신을 희생하는 시간도 가장 귀한 것이 될 수 있다. 모세는 한때 양치는 일을 잘했는데, 랍비들은 모세가 위험한 상황에서 양을 보호한 이야기나 양들에게 때에 따라 필요한 것을 적절히 제공한 이야기를 즐겨 전했다. 그러나 모세에게 가장 귀한 일은 하나님의 부르심을 따라 두려움을 이기고 애굽에서 이스라엘 백성을 구해낸 일이었다.

또한 여호수아는 훌륭한 첩자이자 모세의 부하였다. 하지만 그에게 가장 귀한 것은 군대를 이끌고 영광스러운 승리를 거둔 일과 이스라엘을 지혜롭게 다스린 일이었다.

그런가 하면 바울은 스승 가말리엘 밑에서 공부한 수제자였고 커서는 모범적인 유대 시민이 되었다. 그럼에도 바울에게 가장 귀한 것은 예수님을 만나 인생이 변한 뒤 사람들에게 복음을 전한 일이었다.

어린 시절에는 자기가 무엇을 가장 잘하는지 모를 수도 있다. 그때는 아직 무엇에 소질이 있는지 명확히 드러나지 않기 때문이다. 어떤 사람은 자신에게 잠재된 능력이 없는 건 아닌지 의구심을 갖기도 한다. 하지만 '잘할 수 있는 것'이 없다고 주눅 들 필요도 없고 그래서도 안 된다. 하나님은 우리 각자에게 '가장 귀한 것'이 있다고 생각하시며 그것을 구별하길 원하신다.

인생에서 가장 귀한 것을 하나님의 발 앞에 내려놓아야 한다. 하나님께 자신의 귀한 재능을 드린다면 하나님은 그것을 더 발전시키시고 우리가 마음껏 기량을 발휘할 수 있도록 기회를 마련하실 것이다.

모세도 하나님의 부르심에 따를 때 자신의 역량을 모두 쏟아낼 수 있었다. 인류의 역사 속에서 오늘날처럼 각자의 재능을 마음껏 발휘할 기회가 주어진 시대도 드물다. 하지만 중요한 건 우리의 재능이 아니라 하나님께 가장 귀한 것을 기꺼이 드리려는 마음이다.

세상도 우리에게 가장 귀한 것을 요구한다. 인간 사회의 문제나 사람들의 필요는 큰 대가 없이는 해결되거나 만족되지 않는다. 대가가 적으면 결과도 만족스럽지 못하기 마련이다. 피상적인 은혜로는 누구에게도 도움을 줄 수 없다. 세상에 팽배해 있는 문제들은 결코 가볍게 여길 수준이 아니다.

그동안 인류는 세상의 문제들을 해결하기 위해 많은 노력을 기울였지만 실패하는 경우가 많았는데, 거듭 실패하자 어떤 사람들은 세상의 문제를 해결하는 게 과연 가능한 일인지 의문을 제기하기도 했다. 한 가지 분명한 점은 피상적이고 부차적인 방법으로는 인류의 문제를 타개할 수 없다는 것이다. 개인이나 사회가 무엇을 제공하든 그것이 가장 귀한 것이어야만 세상도 변화될 수 있다.

오늘날 세상에는 죄와 슬픔이 만연해 있다. 세상을 변화시키기 위해 최선의 노력을 하지 않으면 세상의 죄와 슬픔은 사라지지 않을 것이다. 나병 환자에게 동전 몇 푼 던져주고 "참 불쌍한 사람이야!"라고 한마디 한다고 해서 그의 병이 낫는 건 아니다. 예수님은 주위의 시선, 사회 분위기 따위는 아랑곳하지 않고 나병 환자에게 직접 손을 대셨다. 주님은 할 수 있는 한 최선을 다해 환자에게 다가가셨고, 그때 비로소 환자의 병이 깨끗이 사라졌다.

세상은 가장 귀한 것을 받을 자격이 충분히 있다. 우리는 이 세상이 베풀어 준 것을 절대 다 갚을 수 없을 것이다. 이 세상에서 가장 큰 부자는 동료들에게 빚을 제일 많이 진 사람이고, 우리가 누리는 지식과 문화와 안전은 다른 사람들이 베풀어 준 선물이다. 또 학교라는 제도는 수백 년에 걸쳐 사람들이 고민하고 가꾸어 온 문명의 산물이다. "아메리카에 도착한 모든 배는 콜럼버스가 만든 해도(海圖)를 참고했다. 모든 소설은 호메로스고대 그리스의 작가에게 빚을 졌다."라는 말이 있는데, 이는 누군가 값진 보물을 얻는다는 것은 그만큼 다른 사람의 노고가 컸다는 것을 반증한다.

우리는 누군가의 피와 땀으로 인해 가정에서나 일터에서나 사회에서 많은 혜택을 누리며 살아갈 수 있다. 그동안 많은 사람들이 가장 귀한 것을 헌신했기에 우리가 그만큼 은혜를 누리고 있는 것이다. 따라서 우리가 누리고 있는 문명의 혜택이 귀할수록, 그만큼 빚을 지고 있다는 사실을 기쁨으로 인정해야 한다. 그리고 우리 역시도 지금 이곳에서 이웃을 위해 가장 귀한 것을 흔쾌히 내어놓아야 한다.

복을 누리는 그대여, 가장 귀한 것을 헌신하라.
그대가 이 진리를 깨달을 때,
비로소 참된 인생이 시작된다.

하지만 불행히도 복을 누리는 사람 중에 이웃의 필요에 관심을 갖는 사람은 많지 않다. 복을 누리고 형통한 사람일수록 고통 가운데 있는 사람에게 형제가 되어 주어야 한다. 다른 사람을 도울 힘이 있다면 희생하는 것을 아까워하지 말라. 하나님께서 보내신 '천사'처럼 우리는 구원이 필요한 사람에게 가서 그를 돌봐주는 사람이 되어야 한다.

예수님은 가장 귀한 것을 아끼지 않으시고 궁핍하고 어려운 사람들을 위해 모든 걸 주셨다. 예수님은 '세상의 필요'라는 제단에 최고의 지혜와 최고의 힘과 최고의 영광을 제물로 올리셨다. 심지어 귀한 생명까지도 제단에 올리셨다. 예수님은 저주받은 인간을 구원하시기 위해 흠이 없는 제물로 제단에 오르신 것이다.

마찬가지로 하나님도 세상을 위해 가장 귀한 것을 주저하지 않고 내어주셨다. 하나님은 잃어버린 자를 구원하시기 위해 사랑하는 외아들 예수 그리스도를 이 땅에 보내셨다. 슬픔에 빠진 자에게 기쁨을 주고 연약한 자에게 힘을 주기 위해 아들을 희생하셨다. 겟세마네 동산에서, 그리고 갈보리 언덕에서 하나님은 귀한 아들을 기꺼이 내어놓으셨다. 하나님은 아브라함이 이삭을 제물로 바치려 할 때 아브라함의 손을 막았지만, 하나님 당신은 아들을 십자가에 올려놓고 제물로 삼으셨다.

하나님이 주시는 선물은 받는 사람의 마음을 충분히 감동시키고도 남는다. 피상적인 호의는 아무런 힘이 없다. 하지만 주는 사람의 모든 것이 담긴 사랑은 받는 사람의 영혼을 흔들어 놓는다.

그러나 예수님이 이 땅에 오셨을 때 모든 사람이 감동한 건 아니다. "그들이 내 아들은 존대하리라" 마 21:37 사람들은 선지자의 말에 주의를 기울이지 않았고 심지어 하나님의 아들을 죽인 사람들도 있었다. 하지만 사람들이 하나님께서 가장 아끼는 아들을 우리에게 선물로 주셨다는 사실을 깨닫는다면 그분의 아들을 존대하게 될 것이다.

최고의 선물인 십자가는 반드시 세상을 이길 것이다. 하나님이 선을 행하시는 방법이 우리의 방법이 되어야 한다. 이는 성공을 보장하는 유일한 방법이기도 하다. 당신이 가진 가장 지혜로운 학문, 가장 사랑하는 자녀, 가장 행복한 시간, 가장 뛰어난 재능을 이웃을 섬기는 데 사용하라.

수많은 영혼이 도움의 손길을 기다리고 있지만 아직도 돕는 손길이 턱없이 부족하다. 상상도 못할 만큼 많은 비용이 들어갈지도 모른다. 세상에는 아직도 가난과 질병과 전쟁으로 인해 힘들어 하는 사람들이 많다.

아브라함이 구세주이신 예수님의 선구자가 될 수 있었던 것은 양이나 돈이 아닌 가장 사랑하는 외아들을 바쳤기 때문이다. 이 같이 우리도 가장 귀한 것을 바칠 때 비로소 아브라함과 예수님의 대열에 서게 될 것이고, 구속 사역에 동참할 수 있을 것이다.

마음이 넉넉한 사람만이 하나님께 가장 귀한 것을 드릴 수 있다. 옹졸한 사람은 자기 소유에 집착한다. 아간은 여리고 성을 함락한 뒤 하나님께 바쳐야 할 전리품을 몰래 가져다가 자기 장막 안에 숨겨 두었고, 사울은 암몬 사람들을 물리치고 얻은 가축을 하나님께 바쳤지만 그중 좋은 것은 자기가 따로 챙겼다.

그러나 가난한 과부에게 하나님의 사람이 찾아와 먹을 것을 구했을 때 과부에게는 아들과 자기가 먹을 음식밖에 없었고 그것을 먹지 않으면 굶어 죽을 수도 있는 상황이었지만 그녀는 부르심에 순종해 하나님의 사람에게 먹을 것을 대접했다. 이 음식이 과부에게는 가장 귀한 것이자 가진 전부였다. 하나님은 과부의 헌신을 귀하게 여기고 한없는 복을 내려주셨다.

이처럼 하나님은 우리가 가장 귀한 것을 헌신하길 바라신다. 요셉은 늘 가장 귀한 것을 드렸기 때문에 하나님은 어떤 어려움에도 그가 승리할 수 있도록 영적인 힘을 불어넣으셨다. 그러나 솔로몬은 처음에는 하나님께 가장 귀한 것을 드렸다가 나중에는 마음이 변하는 바람에 여생을 비참하게 보내야 했다.

하나님은 최고의 헌신을 보여준 아브라함에게 큰 복을 내리셨다. 우리도 아브라함처럼 하나님께 순종하면 주님과 친밀한 관계를 맺을 수 있다. 하나님은 헌신하는 자에게 아낌없이 복을 내리시고 헌신하는 자와 더 깊이 교제를 나누신다. 하나님은 아브라함이 제물을 바쳤던 곳을 '여호와-이레'라고 부르셨는데, 이는 '주님의 산에서 준비될 것이다'라는 뜻이다. 즉, 아브라함은 하나님을 위해 큰 헌신을 했지만 하나님은 그를 위해 그보다 더 귀한 것을 준비하실 거라는 선포였다.

성경에 나오는 젊은 부자 청년은 예수님께 자신의 재산을 바치지 못하고 슬픔에 잠긴 채 예수님을 떠나고 말았다. 그러나 예수님께 헌신하는 사람은 결코 슬프지 않다.

"나와 복음을 위하여 집이나 형제나 자매나 어머니나 아버지나 자식이나 전토를 버린 자는 현세에 있어 집과 형제와 자매와 어머니와 자식과 전토를 백배나 받되 박해를 겸하여 받고 내세에 영생을 받지 못할 자가 없느니라" 막 10:30

제자들은 예수님께 모든 것을 바친 뒤에 비로소 온전히 사역에 집중할 수 있었다. "무엇이든지 내게 유익하던 것을 내가 그리스도를 위하여 다 해로 여길뿐더러" 빌 3:7 라고 고백한 바울도 하나님의 나라 건설에 박차를 가할 수 있었고 늘 기쁜 마음으로 사역을 감당했다.

자신에게 가장 귀한 것이 무엇인지 찾아보자. 그리고 그것을 하나님께 구별하여 드리자. 가장 귀한 것이 청년에게는 젊음, 장년에게는 지혜, 노인에게는 부(富)가 될 수도 있다. 부모에게는 자녀가 가장 귀한 존재일지도 모른다. 또 어떤 사람에게는 장래의 희망이 인생의 중요한 가치일 수 있다. 가장 소중한 것이 무엇이든 하나님은 그것을 바치길 바라신다. 누구든지 하나님께 귀한 것을 내어드린다면 하나님과의 관계가 더 깊고 친밀해지며 좀 더 행복하고 풍요로운 인생이 될 것이다.

세상에는 변치 않는 마음도 있고 용감한 정신도 있으며
순수하고 진실한 영혼도 있습니다.
그러니 그대가 가장 귀한 것을 세상에 내어주면
가장 귀한 것이 그대에게 돌아옵니다.

사랑을 주면,
그대의 삶에 사랑이 넘쳐흐르고
그대가 가장 곤궁할 때 힘이 됩니다.
믿음을 주면,
많은 사람들이 그대의 말과 행동을 신뢰합니다.

삶은 왕과 노예의 거울이므로
우리의 모습과 행동을 그대로 보여줍니다.
그대가 가장 귀한 것을 세상에 내어주면
가장 귀한 것이 그대에게 돌아옵니다.

첫째 주일 저녁 독서토론 모임

🕯️ 주제 토론
◆ 주제 토론은 두 사람씩 짝이 되어 1:1 토론으로 진행합니다.

왕이 아닌 다른 신이나 사람에게 기도하는 사람은 사자 굴에 던져버리겠다는 다리오 왕의 금령 앞에 다니엘은 어떻게 행동했나요? 다니엘이 그렇게 할 수 있었던 이유는 무엇이었을까요? 당신이 다니엘이었다면 어떻게 행동했을지 토론해 보세요.

당신이 하나님께 헌신해야 할 가장 귀한 것은 무엇인가요? 그것을 하나님께 드릴 수 없다면 그 이유가 무엇인지 토론해 보세요.

🙋 찬반 토론

◆ 주어진 논제에 대해 찬성과 반대로 편을 나누고, 그렇게 주장하는 이유를 타당한 근거를 들어 토론합니다.

내가 가진 지식과 재물과 시간과 재능 등을 내키지 않더라도 하나님께 무조건 드려야 한다.

찬성 : 그렇다. 그 이유는

반대 : 그렇지 않다. 그 이유는

👂 토론 소감

◆ 토론하면서 느낀 점이나 깨달은 점을 한 사람씩 이야기해 보세요.
◆ 이야기한 내용을 정리해서 글로 적어보세요.

🏠 가족회의
◈ 오늘 가족회의의 안건과 결정된 내용을 적어보세요.

안건 :

결정 :

💜 중보기도
◈ 가족 모두 각자의 기도제목을 나누고, 서로를 위해서 기도해줍니다.

우리 가족	기도 제목

2부
최선의 삶을 살아가다

3장 요셉, 주어진 삶에 최선을 다하다
4장 예레미야, 어려움 속에서 최선을 다하다

'바로 당신 곁에 있는 일'이 바로 요셉이 최선을 다해서 감당했던 일이다. 요셉은 모든 일을 거룩하게 여겼고 하나님 안에서 기쁨으로 주어진 일을 수행했다. 사람은 누구나 살면서 많은 일들을 만나게 되는데, 그때마다 요셉처럼 최선을 다해야 한다.

3장 요셉, 주어진 삶에 최선을 다하다

 독일의 과학자 훔볼트Humboldt는 "사람은 누구나 완전함에 이르기 위해 자신이 가진 힘과 자원을 최대한 계발해야 한다"라고 말했고, 영국의 지성인 존 러벅 경Sir John Lubbock은 "우리의 첫 번째 목적은 주어진 삶을 최선을 다해 사는 것이어야 한다"라고 말했다.

 성경 인물 중에서 최선을 다해 주어진 인생을 살았던 인물로 요셉을 꼽을 수 있다. 요셉의 인생을 살펴보면 그가 어떤 환경에서든 최선을 다해 살아왔다는 사실을 알 수 있다. 아버지가 형들에게 먹을 것을 가져다주라고 했을 때, 시기와 질투로 가득 찬 형들이 자신을 해칠지도 모르는 위험한 상황이었지만 그는 아버지의 말씀에 최선을 다해 순종했다.

보디발 장군의 집에 노예로 들어갔을 때도 그는 자기에게 맡겨진 임무를 성실하고 지혜롭게 수행했다. 그래서 요셉이 감옥에 갇혔을 때도 교도관이 그를 절대적으로 신뢰할 수 있었다. 그뿐만 아니라 요셉은 동료 죄수가 근심에 빠져 있을 때 그 마음을 헤아리고 위로해주는 등 자신이 있는 곳에서 최선을 다했다.

바로 왕이 요셉에게 애굽의 총리직을 맡겼을 때도 그는 나라를 안정적으로 잘 다스렸는데, 가뭄에 대비해 식량을 충분히 비축해두어 주변 나라까지 도움을 줄 수 있었다. 또한 아버지와 형제들이 식량을 구하러 애굽까지 찾아왔을 때 넉넉히 은혜를 베풀었는가 하면, 아버지 야곱이 병약해져 죽음을 앞두고 있을 때 아버지를 정성껏 모셨고, 아버지가 세상을 떠난 뒤에는 아버지의 유언에 따라 고향인 가나안 땅의 막벨라에서 장사를 지냈다.

요셉은 평생 많은 일을 겪어오면서 실패와 좌절을 느끼거나 최선을 다하기 어려울 때도 있었을 것이다. 로마의 철학자이자 정치가인 세네카Lucius Seneca는 "나 자신에게 바라는 점은 최고가 되는 것이 아니라 최악의 상태에 빠지지 않는 것이다"라고 말한 바 있다.

하지만 세네카의 생각과 달리 요셉은 어려운 상황에서도 최선을 다해 놀라운 성공을 거두었다. 평범한 양치기 가정에서 태어난 그가 어린 나이에 노예로 팔려갔지만 결국 외국의 총리 자리까지 오른 것은 우연히 된 일이 아니었다.

물론 총리도 평탄한 자리는 아니었다. 찬란한 제국 문명의 혜택에 빠져 방탕해질 수도 있었고 산더미처럼 쌓인 중대한 업무에 지칠 수도 있었다. 높은 자리에 있다 보니 자만심과 자기만족에 빠질 가능성도 많았고 예전에 자신에게 피해를 주었던 사람들에게 충분히 보복할 수도 있었다. 그러나 요셉은 총리로서 늘 변함없이 맡은 바 임무에만 충실했고 주어진 시간에 최선을 다했다.

물론 모든 사람들이 요셉처럼 우여곡절이 많고 규모가 남다른 인생을 살진 않는다. 심지어 예수님도 좁은 유대 땅에서 벗어나 본 적이 없으셨다. 대부분의 사람들은 유명인으로 살지 않는다. 한 국가를 다스리는 높은 직위를 얻거나 일류 기업을 경영하는 사람은 극소수에 불과하다.

예수님의 제자 중에도 바돌로매와 같이 우리에게 잘 알려져 있지 않은 인물이 있는 것처럼, 이름을 세상에 알리는 것이 꼭 중요한 것은 아니다. 대다수의 꽃은 사람의 눈길이 단 한 번도 미치지 않는 곳에서 피어난다. 중요한 것은 우리가 주어진 삶에 얼마나 최선을 다하느냐이다.

사람의 생애는 나무의 생애와 비슷하다. 각각의 나무는 본래의 목적을 온전히 성취할 때 최고의 나무가 된다. 대추야자처럼 타고난 대로 높이 우뚝 서 있는 나무가 있는가 하면, 회양목처럼 키가 작은 나무도 있다. 또 사과나무처럼 겉으로 열매를 맺는 나무도 있지만 물푸레나무처럼 속으로 열매를 맺는 나무도 있다. 열매가 나무의 존재 목적과 매우 밀접한 관련이 있는 이유는 나무의 본성을 반영하는 결과물이기 때문이다.

오렌지나무가 좋은 열매를 가능한 많이 맺어서 사람들이 그 열매를 먹고 건강해지거나 또는 탁자 위에 아름다운 장식품으로 쓰여졌다면, 그 오렌지나무는 최선을 다해 제 역할을 잘 수행한 것이다.

한 가족이 즐겁게 살 수 있는 집을 만드는 데 소나무가 목재를 제공한다면 그 소나무 역시 자기의 역할을 잘 수행하는 것이다. 가문비나무가 책을 만드는 데 필요한 종이를 제공하고, 참나무가 거친 파도를 잘 이겨낼 배를 만드는 데 필요한 재료를 공급하는 것도 마찬가지다. 모든 나무들이 이처럼 쓰여지는 범위가 넓어지면 넓어질수록 그만큼 사람들에 많은 유익을 주게 된다.

정원에서 자라는 벚나무, 숲에 우거져 있는 미루나무, 늪지대에 자리 잡은 낙엽송, 농장에서 키우는 개오동나무를 보라.

나무는 그가 가진 본래 임무만큼이나 자신의 능력을 발휘할 기회가 다양하다.

같은 종의 나무라도 사는 지역에 따라 어떤 나무는 양분을 충분히 얻어 무성하게 자라지만, 어떤 나무는 생존하기 위해 무진 애를 써야 한다. 강가에서 자라는 느릅나무는 수분을 지속적으로 공급받고 햇빛을 많이 받기 위해 잎도 넓적한 반면에, 험한 바위산에서 자라는 느릅나무는 뿌리가 바위틈에서 자라다 보니 크게 성장하지 못한다. 그러나 잘 자라지 못하는 느릅나무라도 자기가 처한 환경에서 최선을 다해 제 역할을 감당할 수 있다.

이처럼 사람도 제각각 자라온 배경과 환경이 다르듯 각자의 개성도 다양하다. 취향, 재능, 기억, 생각 등이 모두 다른 만큼 세상에는 셀 수 없이 많은 필요가 존재하는데, 인류가 더욱 번영하면 언젠가 이 필요들도 충족될 날이 올 것이다.

세상의 안녕과 평화를 위해 필요한 모든 기능은 고귀하고 신성하다. 인류가 음식을 만들어 먹지 않고는 살 수 없는 것처럼 건물을 짓고 상업 활동을 하고 아이를 가르치는 것 모두 세상에 꼭 필요한 일이다. 어떻게 하면 이러한 기능들을 최선을 다해 수행할 수 있을지는 이 세상 인류가 고민해야 할 문제이다.

어떤 사람은 주어진 기회를 내버리고, 육체적 · 정신적인 능력을 망가뜨리며, 이 세상에 만들어 놓은 좋은 것들을 파괴하는 등 자신의 인생을 잘 활용하지 못한다. 이는 누구에게나 충분히 일어날 수 있는 일이다.

어느 날, 존 뉴턴John Newton 목사는 배 난간에서 상체를 구부리고 있다가 자기도 모르는 사이에 손에 쥐고 있던 반지를 떨어뜨렸다. 갑자기 반지가 손가락 사이로 빠져 나가는 바람에 다시 잡을 새도 없이 반지는 깊은 바다 속으로 들어가 버린 것이다. 그는 그 후로 영영 그 반지를 찾을 수 없었다.

바로 이런 이유로 잠언은 사람들에게 '기회'라는 값진 보물을 잘 간직해야 한다고 말한다. '우리에게 빛을 잃지 말라'고 하신 예수님의 말씀을 명심하라. 사람들은 종종 자기가 가진 재능이나 기회나 명성을 잘 활용하지 못한다.

교도소, 소년원, 알코올중독자, 부랑자라는 단어는 사람이 인생을 비참하게 살 수 있다는 예를 보여준다. 마찬가지로 아름다운 연회장, 편안하고 안락한 가정, 전망 좋은 휴양지, 열심히 공부하는 학생들이 모인 도서관은 비참하게 사는 사람들이 내버린 소중한 기회와 능력이 실현되는 장소들이다.

비참한 인생은 탕자가 모든 것을 탕진했던 것처럼 자신이 가진 선한 것을 허비해 버린다. 그들은 여로보암 왕과 다를 바 없다. 그는 자기 발전과 다른 사람의 안위를 위해 사용해야 할 재능을 악용하고 썩혔는데, 그 결과 이스라엘을 죄악의 구렁텅이에 빠뜨렸다. 한 사람의 재능과 기회가 저주가 되어 버렸고 자신뿐 아니라 다른 사람들까지 타락의 길로 몰아간 것이다.

그런가 하면 인생을 적당히 살아가는 사람도 많다. 이는 "나 자신에게 바라는 점은 최고가 되는 것이 아니라 최악의 상태에 빠지지 않는 것이다"라고 한 세네카의 말과 절묘하게 일치한다.

세네카는 학식이 풍부했고 철학과 도덕에 관한 강연과 집필 활동도 활발하게 했던 사람이었다. 그는 부를 남용하는 것에 대한 해악도 많이 지적했지만, 자기가 말한 대로 최악의 상태에 빠지지는 않았다. 물론 그는 어머니에게 발길질을 하고 아내를 살해하고 기독교인들을 십자가에 매달아 놓고 흐뭇해하던 네로보다는 나았다. 또한 심신을 전혀 단련하지 않거나 진탕 마시고 노는 데 세월을 허비하는 사람이나, 보석이나 시문학이나 건축의 아름다움에 까막눈인 사람보다는 나았을지도 모른다. 하지만 자기 인생에 최선을 다하지 않았다는 점에서는 그들과 별반 차이가 없었다.

세네카가 소유한 서재, 가구, 보석, 처세술은 정말 훌륭했으며 카이사르 황제를 가르치는 교사이었지만 그는 최선을 다해 살지 않았다. 그는 삶의 기준을 낮게 잡고 자신의 능력을 최대한 발휘하지 못했다.

무엇이든 기준이 낮으면 좋은 결과를 얻지 못한다. 즉, 기준이 일류가 아닌 이류이면 물건도 이류가 되고 사람도 이류가 된다. 이류 밖에 안 되는 사람에게 일류를 요구하면 감당하지 못하는 것처럼 적당히 사는 것에 만족하는 사람은 그럭저럭 인생을 살아가겠지만, 인생 말년에는 그저 성공하지 못한 사업가, 실망스러운 교사, 무능한 금융가, 실력 없는 학생, 신뢰할 수 없는 친구가 되어 깊이 후회할 것이다.

우리는 주어진 인생을 악용하거나 적당히 타협하지 말고 최대한 잘 살아야 한다. 최선의 삶을 살고자 소망하고 그 소망이 인생의 근본적이고 보편적인 목적이 되도록 힘써야 한다.

소망을 가지고 노력해야만 최선을 다해 살 수 있다. 최선을 다하는 인생은 저절로 찾아오거나 우연히 이루어지지 않는다. 그러한 삶을 영위하기 위해서는 끊임없이 수고하고 인내하며 헌신해야 한다.

요셉은 최선의 삶을 살기 위해 매순간 분별하고 날마다 성찰하며 매년 인생 계획을 조정하며 살았다. 그는 또한 끊임없이 새로운 환경에 적응했다. 어릴 때는 아버지의 대를 이어 훌륭한 양치기가 되고 싶어서 좋은 목초지가 어디에 있는지 매일 연구했다. 그래서 아버지가 요셉을 형들에게 보냈을 때 세겜과 도단으로 가는 먼 길을 알아서 찾아갈 수 있었던 것이다.

요셉이 애굽에 강제로 팔려 갔을 때, 그곳은 그가 태어나서 한 번도 보지 못한 신세계였을 것이다. 일개 목동이었던 요셉이 보디발의 집에서 하인으로 일하게 되었을 때도 들판에서 마음껏 뛰놀던 자유는 사라지고 답답한 궁전에 얽매이는 신세가 되었지만, 주어진 임무를 적극적으로 받아들였고 자신을 발전시키는 기회로 삼았다.

훗날 요셉이 감옥에 죄수로 끌려갔을 때도 교도관에게 인정받아 감옥의 책임자 역할을 맡기도 했다. 요셉은 그 일조차도 어떻게 하면 잘 해낼 수 있을까 끊임없이 연구하고 성실하게 감당했다.

양치는 일과 가정집 하인 일만 해보던 요셉이 어느 날은 영혼을 위로하는 일도 하게 되었는데 근심과 슬픔에 빠진 죄수 동료를 긍휼히 여기고 진심으로 위로하며 자신감을 갖도록 도움을 주었던 것이다. 그 결과 일개 죄수, 양치기 소년, 가정집 하인이었던 요셉이 왕의 눈에 들어 어엿한 신하의 자리로 부름을 받게 되었다.

요셉은 시간과 장소와 상관없이 최선을 다하는 사람이었기에 왕 앞에서도 신하로서 맡겨진 본분에 충실했고, 왕의 총애를 받아 마침내 애굽의 총리직에 오르게 되었다. 하지만 여기서 끝이 아니다. 그는 총리가 된 후로도 애굽 백성들에게 새로운 농경 기술을 보급하며 농림부 장관으로서의 역할을 톡톡히 해냈고, 기근에 대비해 곡식을 사들이고 창고를 증설함으로써 재무부 장관의 역할도 잘 감당했다.

형들이 도움을 구하러 애굽까지 찾아왔을 때는 따뜻한 형제애를 발휘했고 늙은 아버지에게는 효심 깊은 아들 역할을 해냈다. 아버지가 세상을 떠나자 유언대로 고향에서 장례를 치러드렸고, 장례 후에는 다시 애굽의 정치인으로 돌아와 중대한 사명을 끝까지 감당했다.

요셉은 살면서 별의별 일을 다 겪었다. 길지 않은 생애를 사는 동안 환경과 상황이 끊임없이 변했다. 그런데도 어떻게 요셉은 그 모든 일을 잘 해낼 수 있었을까?

요셉은 주어진 상황에 따라 그때그때 자신이 가진 능력을 최대한 활용했다. 주어진 기회를 극대화할 줄 알았던 것이다. 그는 자기 수중에 들어오는 일은 무엇이든 완벽하게 처리하려고 했다.

그러나 가장 중요한 것은 요셉의 인생 밑바탕에는 하나님을 향한 믿음이 있었고 하나님께서 허락하신 일만 하겠다는 신념이 있었다는 사실이다. 요셉은 하나님이 바라시고 기뻐하시는 일을 항상 순종하는 마음으로 행했다.

고향땅에서 멀리 떨어진 타지에는 이방신의 신전과 우상들이 가득했고, 흉악한 일들이 끊이질 않았지만 요셉은 하나님의 말씀을 마음 깊이 새겼고 그 말씀이 요셉을 순수하고 정직한 사람이 되도록 지켜주었다.

특히 하나님의 말씀에 따라 다른 사람들을 섬기고 돕는 데 충실했는데, 그 충실함과 선한 마음에 하나님의 은혜가 더해져서 언제 어디서나 최선의 삶을 살 수 있었다. 요셉은 늘 하나님을 의뢰했고, 궁핍하든 풍족하든 모든 상황과 환경을 발전의 기회로 삼았다.

그는 살면서 불평불만하지 않고 어떤 기회가 주어지든 성실하게 임했다. 살아가는 모든 시간이 그에게는 소중했고 모든 일에 귀천이 없었으며 모든 만남이 다 소중했다. 요셉은 하인일 때도, 한 나라의 통치자로 있을 때도, 다시 만난 아버지에게 아들 노릇을 할 때도 하나님께 하듯 맡겨진 일을 최선을 다해 감당했다.

믿음도 좋고 인생을 행복하게 사는 어떤 의사가 이런 고백을 했다. "제가 지금 행복하게 살고 있는 이유는 어떤 분이 제게 해준 조언 때문입니다. 저는 어렸을 때 매우 가난했고 절름발이 장애를 가지고 있었습니다. 하루는 운동장 구석에 서서 다른 남자 아이들이 운동 경기를 하는 모습을 지켜보고 있었죠. 모두 좋은 옷을 입고 힘도 세고 건강한 아이들을 보면서 저는 제 자신이 너무 못났다고 생각했습니다. 또 다른 친구들은 경기를 하는 아이들을 응원하고 있었는데, 제가 그 아이들처럼 운동장에서 경기를 하고 친구들의 응원을 받는다는 건 꿈도 꾸지 못할 일이었습니다. 마음이 무척 아팠습지요.

그때 제 옆에 있던 어떤 젊은 남자 분이 울상인 제 얼굴을 보고는 제 팔을 톡톡 치면서 '저 아이들이 부럽구나, 그치?'라고 물었습니다. 저는 바로 '네, 부러워요. 저 애들은 모든 걸 다 가졌지만 전 아무것도 가진 게 없어요.'라고 대답했습니다. 젊은 남자 분은 잠시 제 얘기를 듣더니 이렇게 말해 주었습니다. '하나님은 저 아이들에게 돈도 주고 교육도 시켜주고 건강도 주셨지. 그만큼 저 애들은 이 세상에서 해야 할 일이 있다는 거야. 하나님이 너에게 절름발이가 되게 하신 것도 같은 이유지. 널 훌륭한 사람으로 만들기 위해서야.'

저는 아무 대답도 하지 못했습니다. 그리고 이 말을 결코 잊을 수 없었습니다. '하나님께서 나에게 인내와 힘을 가르치시기 위해 장애를 주셨다.'

처음에는 이 말이 믿기지 않았습니다. 하지만 다행히 저는 하나님의 말씀에 순종하는 경건한 아이였습니다. 이 말을 생각하면 생각할수록 제게 점점 명백한 진리로 다가왔습니다. 저는 마침내 제 삶에 이 말을 받아들이기로 했습니다. 이 말이 나의 기질, 나의 목적, 나의 행동이 되도록 했습니다. 저는 제가 당하는 모든 어려움을 싸워서 이길 기회로 삼았습니다. 인생의 부정적인 요소들을 긍정적인 것으로 바꾸려고 노력했고, 환자들이 저에게 도움을 요청하거나 저에게 어떤 임무가 주어질 때 최선을 다하기로 마음먹었습니다. 그 후로 제 삶은 180도 바뀌었고 참 기쁨과 평안을 누리며 살게 되었습니다."

영국이 비평가 겸 역사가였던 칼라일이 세상을 떠난 뒤, 두 친구가 만나서 대화를 나누었다.
"자네, 칼라일이 세상을 떠났다는 소식 들었나?"
"응, 얼마 전에 그런 일이 있었다고 하더군."
"칼라일은 이제 세상을 떠났지만 그는 나에게 인생의 전환점을 준 사람이라네."
"정말인가? 자네 혹시 칼라일을 만난 적이 있나?"
"아니, 난 칼라일을 본 적도 없고 목소리를 들어본 적도 없네. 내가 젊었을 때 모든 것에 흥미를 잃었던 적이 있었지. 앞으로 무엇을 하며 살아야 할지 전혀 갈피를 잡지 못했어. 이 세상을 살아갈 이유를 찾지 못했네. 세상은 나란 사람이 존재하든 말든 늘 그대로일 테니까. 나는 거의 일 년 넘게 방황하며 살았고, 결국 이 세상을 떠나는 게 낫다고 판단했지.

그러던 어느 날 밤, 도무지 우울함을 견딜 수가 없어 도서관으로 향했다네. 도서관 책상 위에 어떤 책이 놓여 있길래 펼쳐서 읽어 보았는데, 그 책이 바로 토마스 칼라일이 쓴 『의상(衣裳) 철학』이었어. 책을 읽다가 내 눈이 어떤 구절에서 멈췄지.

'바로 당신 곁에 있는 일을 하라. 그것이 바로 당신이 해야 할 일이다! 그 일을 하다 보면 그 다음 해야 할 일을 자연히 알게 된다.'

그 문장이 내 어두운 영혼에 한 줄기 빛을 비춰주었지. 내게 인생에 대한 새로운 통찰을 주었단 말일세. 나란 사람을 완전히 바꾸어 놓은 거야. 칼라일이 하나님 안에서 나를 구원한 거야. 그는 내가 살아야 할 목적과 이유와 힘을 불어넣어 주었어."

'바로 당신 곁에 있는 일'이 요셉이 최선을 다해서 감당했던 일이다. 요셉은 모든 일을 거룩하게 여겼고 하나님 안에서 기쁨으로 주어진 일을 수행했다.

사람은 누구나 살면서 많은 일들을 만나게 되는데, 그때마다 요셉처럼 최선을 다해야 한다. 누구에게나 높은 자리에 오를 수도 있고 낮은 자리에 처할 수도 있다. 또는 작은 임무가 주어질 수도 있고 매우 중대한 일이 맡겨질 수도 있다. 상황에 따라 온갖 유혹이 찾아올지도 모른다. 하지만 우리를 인도하시는 하나님과 함께 기쁨과 열정으로 맡겨진 일을 감당한다면 인생을 최고로 선용하게 될 것이다.

4장 예레미야, 어려움 속에서 최선을 다하다

어려움 속에서 최선을 다하는 사람만큼 존경스러운 사람도 없다. 소설가 로버트 루이스 스티븐슨Robert Louis Stevenson은 그가 쓴 작품 대표작으로 『지킬 박사와 하이드』, 『보물섬』 등이 있다 때문에 많은 이들에게 사랑을 받았지만, 나는 그가 어려움 속에서도 끝까지 분투했다는 사실에 좀 더 존경을 표하고 싶다. 그는 세상을 떠나기 전에 이런 글을 남겼다.

"14년 동안 하루도 건강한 날이 없었다. 아침에 일어날 때부터 잠이 들 때까지 병마에 시달려야 했기에, 나는 병상에 누워서 글을 써야 했다. 출혈이 심하고 기침을 하고 머리가 지끈지끈 아픈 가운데 점점 쇠약해져가는 몸으로 글을 써야 썼다. 지금은 좀 나아졌지만 몸이 아프지 않은 날이 거의 없었다. 덜

아프고 더 아프고 정도의 차이지 병마와의 싸움은 계속 진행 중이다. 이 갑갑한 병실에서 벗어나고 싶지만 나는 굴하지 않고 글을 쓰고 있다."

많은 사람들이 스티븐슨처럼 어려움을 이기며 담대하고 살아가고 있다.

미국의 역사가 프랜시스 파크먼Francis Parkman은 심한 두통을 겪으면서도 훌륭한 저작물을 남겼는가 하면, 역사가 윌리엄 히클링 프레스콧William Hickling Prescott은 장님이었지만 장애를 이겨내고 저술 활동에 매진했다.

하나님은 고통 없이는 우리에게 아무것도 주시지 않는 분처럼 보인다. 세상에서 제일 값비싼 향수는 장미 향유인데, 그 향유 한 방울을 만들기 위해서는 다마스쿠스의 장미 수백 송이가 필요하다. 그런데 향을 추출하기 전에 장미는 거의 상하고 멍든 상태라고 한다.

이처럼 고난 속에서 위대한 사람이 탄생한다. 고통이 있는 곳에는 기회도 있다. 병마와 싸우는 중이라고 했던 스티븐슨처럼 우리는 모두 무언가와 싸우는 중에 있다. 그 싸움에 압도당하면 지는 것이고 그 싸움을 압도하면 승리하는 것이다.

이를 잘 보여주는 인물이 구약 성경에 나오는 예레미야인데, 그의 이름이 나오면 나는 항상 스위스 베르나르도 성산Mount

St. Bernard에서 보았던 제비꽃이 생각난다. 사방에 눈이 산더미처럼 쌓여 있었는데, 해가 떠오르는 동쪽의 좁은 비탈만 눈이 쌓이지 않은 바로 그곳에 세상의 어떤 싸움도 모를 것 같은 예쁜 제비꽃이 평온하게 얼굴을 내밀고 있었다.

예레미야는 젊은 나이에 '하나님께서 이스라엘 백성을 옳은 길로 인도하시기 위해 나를 대변자로 세우시길 원하신다'라는 확신을 갖게 되었다. 그는 예루살렘에서 걸어서 한 시간 정도 걸리는 아나돗이란 성읍에서 살았는데 그의 아버지는 제사장이었고 순번에 따라 예루살렘 성전에서 제사드리는 일을 담당했다.

예레미야는 아버지로부터 종교적인 혈통을 이어 받았고 성전에서 일어나는 일에 대해 많은 이야기를 들었지만, 백성들을 옳은 길로 인도할 하나님의 대변자가 되라는 부르심은 그에게 큰 부담으로 다가왔다.

예레미야가 살던 시대는 돌이킬 수 없을 정도로 타락하고 부패해서 왕족과 귀족, 상인, 율법학자, 제사장 누구나 할 것 없이 하나님을 두려워하지 않고 제멋대로 살아갔다. 이스라엘 백성들은 겉으로는 거룩해 보였지만 그것은 형식적이었을 뿐, 그 이면에는 이기심과 우상 숭배와 범죄가 들끓었다.

이런 상황에서 그가 하나님의 부르심에 순종하는 것은 쉽지 않은 일이었다. 부르심에는 평생을 바쳐 헌신하라는 의미가 담겨 있었다. 이스라엘은 점점 더 악화되고 있었고, 파멸의 깊은 수렁에 빠져 들어가는 모습이 눈앞에 선하게 보였다.

예레미야는 '결단의 갈림길' 앞에 섰다. 하나님의 뜻에 따른다면 평생 하나님께서 주신 과업을 수행해야 했고, 하나님의 부르심에 응하지 않으면 다른 사람들과 마찬가지로 멸망의 수렁 속에서 방황하며 살아가야 했다.

중요한 문제, 특히 인생의 진로가 달려 있는 사안은 오히려 강요당하는 것이 더 나을지도 모른다. 그러나 예레미야는 자기 유익을 버리고 하나님을 위해 살 것인지, 아니면 자기 자신을 위해 살 것인지 둘 중 하나를 스스로 결정해야 했다.

이런 종류의 선택은 누구에게나 중요한 문제인데, 특히 설교 사역을 하는 사람들에게는 끊임없이 마주해야 하는 큰 문제다. 어떤 선택을 하느냐에 따라 그 사람의 역할과 운명이 결정되기 때문이다.

예레미야의 경우, 선지자의 직분이 기질적으로 맞지 않았다. 예레미야는 얌전하고 내성적인 사람이어서 사람들 앞에 서면 위축되었고 다른 사람을 훈계하는 것이 체질상 어려웠다. 그래서 성품상 엘리야나 세례 요한 같은 사람이 그 사역에 더 적합했을지도 모른다. 기질적으로도 사도 요한을 닮았던 예레미야는 사람들을 훈계하는 것보다, "자녀들아, 서로 사랑하라" 와 같은 말씀으로 권고하기를 더 좋아했다.

하지만 하나님은 종종 전혀 그 일에 적합해 보이지 않은 사람들을 택하셔서 임무를 맡기시는데, 그것이 하나님께서 일하시는 방식이다. 하나님의 부르심을 받은 대부분의 위대한 사역자들도 처음에는 주저하고 망설였다. 그 사역이 자기에게 적합하다고 생각하지 않았기 때문이다. 그러나 주님은 추수할 곡식이 많다며 우리를 들판으로 내보내신다. 예레미야도 하나님이 자신을 들판으로 내보내신다는 것을 알았고, 하나님의 명령을 거부하지 않고 순순히 복종했다.

예레미야가 그 부르심에 순종했을 때 어떤 일이 벌어졌을까? 우선 예레미야는 주변 사람들과 멀어졌다. 선지자로서 열정을 갖고 바른 말만 하다 보니 예레미야와 자신들이 비교되는 게 불쾌했던 마을 이웃과 가족들이 그에게서 괴리감을 느끼기 시작한 것이다.

예레미야도 주변의 가족과 이웃들의 태도가 변했다는 걸 감지할 수 있었다. 그들은 지나가다 얼굴이 마주치면 예전과 다르게 찬바람을 일으켰다. 시간이 갈수록 사이는 더욱 나빠져 이웃들은 예레미야를 마을에서 내쫓으려 했고 가족들도 이대로 놔두면 그가 위험하다고 생각했다.

바로 이 순간에 거룩한 소명이 무너진다. 대부분의 사람들은 가족이나 이웃이나 친구가 원수로 변할 때 거룩한 소명을 포기하려고 한다. 특히 신앙생활을 이제 막 시작한 초신자들은 무엇보다도 가까운 사람들에게서 비난을 받는 걸 못 견뎌한다. 가족들이 "쟤는 귀신이 들렸어"라고 말하는 순간 마음속에서 예수님이 멀어져 가는 것이다. 예수님을 영접한지 얼마 되지 않은 어떤 군인은 "사람들에게 그리스도인이 되었다고 비난을 듣느니 차라리 전쟁터로 나가겠다"라고 말한 적도 있다.

머지않아 소외당하는 상황은 위협과 협박으로 바뀌었지만 예레미야는 그 순간에도 하나님께 순종했다.

예레미야가 어느 정도 나이가 들자 하나님은 그를 예루살렘으로 부르셨다. 그는 이제 마을을 떠나 넓은 도시로 가서 이스라엘 백성에게 하나님의 메시지를 전해야 했다. 예레미야는 예루살렘에서 이렇게 선포했다. "가난한 자를 억압하고 사치와 낭비를 일삼으며 더러운 우상 앞에 절하면, 하나님은 이스라엘을 멸망시킬 것이다."

이 사역은 혼자 감당해야 했기 때문에 더 힘들었다. 당시 제사장이나 선지자 중 예레미야를 따르는 사람은 아무도 없었다. 오히려 그들은 모두 한목소리로 예레미야가 거짓말을 한다고 단언했다.

살다 보면 홀로 내 입장을 밝히거나 스스로를 변호해야 할 때가 찾아온다. 바울도 로마의 관리들 앞에서 혼자 서야 할 때가 있었다. "나와 함께 한 자가 하나도 없고"딤후 4:16

위험을 당하거나 치욕스러운 상황에서 절대적인 고독을 느낄 때, 비로소 자신이 정말 어떤 사람인지 알 수 있다. 깊은 밤 홀로 하나님 앞에서 자신을 돌아볼 때, 또는 죽음이 눈앞에 다가올 때 자신이 어떤 사람인지 알 수 있는 것처럼 말이다.

예레미야는 깊은 외로움을 느꼈다. 그는 강한 정신을 가졌거나 강철 같은 심장을 갖도록 훈련을 받은 것도 아닌, 다른 이들과 크게 다를 바 없는 사람이었다. 그래서 예레미야의 입에서는 이따금 고통의 신음 소리가 흘러나왔다.

"내게 재앙이로다. 나의 어머니여 어머니께서 나를 온 세계에 다투는 자와 싸우는 자를 만날 자로 낳으셨도다. 내가 꾸어 주지도 아니하였고 사람이 내게 꾸이지도 아니하였건마는 다 나를 저주하는도다"렘 15:10

또한 그는 번민에 시달린 나머지 용기를 상실할 때도 있었다. "내 생일이 저주를 받았더면, 나의 어머니가 나를 낳던 날이 복이 없었더면, … 어찌하여 내가 태에서 나와서 고생과 슬픔을 보며 나의 날을 부끄러움으로 보내는고"렘 20:14, 18

예레미야는 백성들을 책망하는 일에서 벗어나서 가족과 친구와 이웃들에게 관심과 애정을 받고 싶었지만, 단 한순간도 진리에서 뒤돌아서거나 하나님을 불신한 적이 없었다.

"내 친한 벗도 다 내가 실족하기를 기다리며 그가 혹시 유혹을 받게 되면 우리가 그를 이기어 우리 원수를 갚자 하나이다."렘 20:10, "그러하오나 여호와는 … 나와 함께 하시므로"렘 20:11 예레미야는 이렇게 선포하며 원수 앞에서 흔들리지 않았다.

그러던 중 예레미야에게 세 번째 시련이 찾아왔는데, 사람들로부터 멸시를 받은 것이다. 예레미야는 이스라엘 백성이 이렇게 가다가는 결국 파멸에 이를 수밖에 없다는 걸 잘 알고 있었다. 그래서 백성들이 악행을 멈추지 않으면 유다 왕국은 바벨론의 공격으로 멸망을 당하게 될 것이라고 예언했다. 하지만 예레미야는 유다의 왕여호야김을 직접 만나 예언의 말씀을 전할 수가 없어서 하나님이 주신 예언을 두루마리에 기록해 친구이자 제자인 바룩을 통해 왕에게 전달했다. 바룩은 신하들에게 왕 앞에서 예언서를 읽게 했다.

당시 왕은 궁전에 앉아 있었는데, 그의 앞에는 추운 날씨로 인해 불 피운 화로가 놓여 있었다. 그런데 왕과 백성에게 회개하라는 예레미야의 말을 듣고 화가 치밀어 오른 왕은 신하가 두루마리를 서너 쪽 읽으면 칼로 그 부분을 베어 화롯불에 던지는 식으로 두루마리를 모두 태워버렸다. 이처럼 왕은 백성들 앞에서 보란 듯이 예레미야를 업신여기고 무시했다.

경멸을 당하거나 무시를 당하면 분하고 억울하지, 기분 좋을 사람은 아무도 없다. 논리적인 반박보다 조롱 섞인 비웃음이 사람을 더 비참하게 만들기 때문에 많은 사람들이 자신의 말과 행동이 비웃음거리가 될 때 고수해 오던 신념을 포기하곤 한다. "예레미야라는 작자가 뭔데 우리가 그의 말을 듣고 있어야 하나? 이 두루마리를 칼로 갈기갈기 찢어 화롯불에 태워 버려라." 왕은 이렇게 말하고는 모든 신하들이 보는 앞에서 그대로 행했다.

예레미야는 왕의 태도에 크게 실망했을 것이다. 하지만 하나님은 예레미야의 마음속에 "지난번과 똑같이 두루마리에 예언을 기록하라"고 말씀하셨고, 예레미야는 그 말씀에 순종했다.

바로 여기서 예레미야가 어떤 사람인지 극명하게 드러난다. 사람들은 대부분 모욕을 당하면 상대방에게 반발심을 갖거나 화를 쏟아낸다. 하지만 예레미야는 관대했고 자신의 감정을 절제할 줄 알았다. 하나님은 예레미야에게 지난번에 계시한 예언을 그대로 기록하라고 하셨고 거기에 다른 예언까지 추가하셨다. 예레미야는 그대로 순종했다.

그러나 예레미야에게 또 다시 시련이 찾아왔다. 끈질기게 사명을 감당하던 예레미야가 감옥에 붙잡혀 들어간 것이다. 그곳은 우리가 흔히 생각하는 일반적인 감옥이 아니라 동방의 군주들이 죄수를 서서히 죽이기 위해 만든 잔인한 감옥이었다.

그 당시 왕이었던 시드기야는 처음에는 예레미야를 감방이 여러 개 있는 지하 감옥에 가두었다가 예레미야가 계속해서 하나님의 예언을 선포하자, 다시 그를 근위대의 뜰에 가두고 매일 빵 한 덩이씩만 주게 했다.

여기까지는 그리 힘들지 않은 상황이었다. 하지만 신하들은 왕을 꼬드겨 이참에 눈엣가시 같은 예레미야를 제거하려고 했다. 마치 무리들이 빌라도를 자극해 예수님을 처형시켰던 것처럼 말이다. 왕은 어쩔 수 없이 신하들 손에 예레미야를 넘겨주었고, 그들은 예레미야를 붙잡아 깊은 웅덩이 속에 빠뜨렸다. 웅덩이에 물은 없고 바닥에 진흙만 있어서 예레미야는 진흙 수렁 속에 갇히고 말았다.

종교재판 12~16세기 로마 가톨릭교회가 이단자를 탄압·처형하기 위해 시행한 종교적 재판이 한창일 때 온갖 잔인한 고문이 행해졌는데, 고문 기구로 엄지손가락을 자르고 계속해서 물을 한 방울씩 이마에 떨어뜨리거나 핀셋으로 조금씩 살점을 뜯어냈다. 이때 얼마나 많은 사람들이 그 끔찍한 고문에서 벗어나기 위해 신앙을 포기했는지 모른다.

 어둡고 축축한 웅덩이 속에 갇히는 것도 예레미야에게는 말할 수 없이 힘든 고통이었다. 몸은 점점 진흙 속에 빠져 들어가고 아무것도 먹지 못해 결국 굶주려 죽게 될 것이다. 자신의 사명을 다하고 이스라엘 백성들을 살리기 위해 하나님의 진리를 선포했지만 결국 이렇게 홀로 남아 죽음을 맞이하다니, 이 얼마나 비참한 최후인가?

 예레미야가 이 고통에서 벗어나 목숨을 구하고 싶으면 침묵하면 되었다. 예언하는 일을 그만두면 굳이 이렇게까지 고생할 필요가 없었다. 하지만 예언을 하지 않으면 하나님께 불순종하는 것이 되기 때문에 예레미야는 사자굴이나 풀무불이나 사형집행관의 칼보다 더 무시무시한 진흙구덩이 속으로 빠져 들었다. 그 결과, 예레미야는 자신의 신앙을 포기하지 않기 위해 콜로세움에서 사자 밥이 되고 십자가 위에서 화형을 당했던 수많은 여인들과 아이들에게 용기를 심어준 영원한 선구자가 되었다.

 예레미야는 불굴의 정신으로 웅덩이 속에서 죽음의 고통을 견뎌내고 있었다. 이스라엘을 사랑했던 백성들은 예레미야가 웅덩이 속에 감금되었다는 소식을 듣자 그를 살려내야 한다고 생각했고, 그들 중 지혜로운 한 사람이 왕에게 가서 예레미야를 살려달라고 호소하자 왕은 이를 허락했다.

사람들은 해진 헝겊과 옷 조각을 엮어 긴 밧줄을 만들어 웅덩이 속으로 던졌다. "구스인 에벳멜렉이 예레미야에게 이르되 당신은 이 헝겊과 낡은 옷을 당신의 겨드랑이에 대고 줄을 그 아래에 대시오 예레미야가 그대로 하매 그들이 줄로 예레미야를 구덩이에서 끌어낸지라" 렘 38:12-13 그렇게 웅덩이에서 살아 나온 예레미야는 다시 한 번 하나님의 선지자로서 자신이 맡은 사명을 최선을 다해 감당했다.

이스라엘은 거듭 하나님의 시험과 심판을 받았다. 예레미야는 이 기간 동안 이스라엘 백성들과 함께 모든 고통과 짐을 짊어졌지만 그토록 사랑하던 이스라엘을 떠나 백성들과 함께 애굽으로 가게 되었다. 그는 애굽으로 가고 싶은 마음이 없었지만 강제로 끌려가야 했다. 하나님도 원하시지 않던 일이었지만, 유다의 지도자들은 마치 포로를 다루듯 예레미야를 끌고 애굽으로 향했다.

고향을 버리고 애굽으로 가는 일이 누군가에게는 별일 아닐 수 있지만 예레미야에게는 자신의 전부를 버리는 것과 마찬가지였다. 그는 평생 가슴으로 예루살렘과 온 유다 땅을 품은 사람이었다. 유다를 위해 살았고, 유다를 위해 진리를 선포했으며, 유다를 위해 고난을 당하며 목숨까지 잃을 뻔했다. 유다는 예레미야가 태어나 자라고 평생을 헌신한 땅이었다.

"예루살렘아 내가 너를 잊을진대 내 오른손이 그의 재주를 잊을지로다 내가 예루살렘을 기억하지 아니하거나 내가 가장 즐거워하는 것보다 더 즐거워하지 아니할진대 내 혀가 내 입천장에 붙을지로다"시 137:5-6

예레미야가 국외로 추방된 이후의 행적은 기록이 남아 있지 않아 알려진 것이 없지만 그가 남긴 예언과 말씀을 통해 우리는 그가 최후의 순간까지 하나님 앞에 신실하고 나라의 지도자들과 백성들을 사랑하고 섬겼다는 사실을 알 수 있다.

예레미야가 세상을 어떻게 떠나게 되었는지 알려진 바는 없다. 그러나 분명한 건 시간이 흘러 이스라엘 백성들이 그의 이름을 칭송했다는 것이다. 그들은 예레미야가 예언한 대로 예루살렘이 무너지고 백성들이 포로로 잡혀가는 사태를 직접 목격했다. 이스라엘 백성들은 하나님을 향한 예레미야의 충성심을 본받았고, 예레미야를 모든 선지자 중 '가장 위대한' 선지자라고 불렀다. 예레미야는 민족의 영웅이 되었다. 나라에 전쟁이 일어나거나 환난이 생길 때마다 백성들은 예레미야를 떠올리며 용기를 얻고 전장을 향해 나아갔다.

예레미야는 어려운 상황 속에서도 최선을 다해 사명을 감당했다. '고통과 시련이 위대한 사람을 만들어 낸다'라는 말이 있다. 예레미야도 하나님의 부르심 앞에 마음이 내키지 않았고 초조해했으며 고통의 시간을 보냈지만 그럼에도 최선의 삶을 살았다. 자신이 하나님께 얼마나 크게 쓰임을 받을지 아무도 모른다. 오직 우리를 창조하신 하나님만이 우리가 지닌 가능성을 알고 계신다.

어려움에 맞서 싸우는 과정에서 우리는 예수님의 심정을 이해할 수 있다. 예수님도 이웃과 가족들에게 소외당하시고, 위협받으시고, 무시당하시고, 재판정에 끌려가시고, 추방당하셨다. 그러나 예수님은 어려움을 극복하시고 하나님께서 부르신 최선의 삶을 살아야 한다는 걸 알고 계셨다. 이처럼 우리도 예수님이 주신 십자가를 잘 감당하며 살아간다면 훗날 고난의 십자가가 영광의 면류관이 될 것이다.

그러나 오늘날 무엇을 위해 어려움을 견뎌내고 최선을 다해 살아야 하는지 모르는 사람이 너무 많아 안타깝다. 예수님도 어려움을 극복하고 최선을 다하는 사람에게 상을 주시고 싶지만 그런 사람을 찾지 못해 답답해하실 것이다. 따라서 우리는 이 시대를 향하신 하나님의 음성을 듣고 맡겨진 일에 예레미야처럼 충성으로 감당해야 할 것이다.

둘째 주일 저녁 독서토론 모임

🕯️ 주제 토론
◆ 주제 토론은 두 사람씩 짝이 되어 1:1 토론으로 진행합니다.

요셉은 지위나 환경에 상관없이 자기에게 맡겨진 일을 최선을 다해서 감당했습니다. 이처럼 당신도 맡은 일을 기쁨과 열정으로 감당하고 있나요? 그렇지 않다면 그 이유가 무엇인지 토론해 보세요.

하나님의 부르심에 순종한 예레미야는 가족과 이웃들에게 미움을 받았고, 죽음의 위협까지 느꼈지만 단 한순간도 진리에서 뒤돌아서거나 하나님을 불신한 적이 없었습니다. 그가 그렇게 할 수 있었던 이유는 무엇이었을까요? 당신이 이 같은 상황에 처했다면 어떻게 행동했을지 토론해 보세요.

찬반 토론
◆ 주어진 논제에 대해 찬성과 반대로 편을 나누고, 그렇게 주장하는 이유를 타당한 근거를 들어 토론합니다.

하나님의 사역을 감당하다가 가족이나 친구의 미움을 받을 때는 그 사역을 잠시 멈추고 그들과의 관계 회복을 위해 노력해야 한다.

찬성 : 그렇다. 그 이유는

반대 : 그렇지 않다. 그 이유는

토론 소감
◆ 토론하면서 느낀 점이나 깨달은 점을 한 사람씩 이야기해 보세요.
◆ 이야기한 내용을 정리해서 글로 적어보세요.

가족회의
◆ 오늘 가족회의의 안건과 결정된 내용을 적어보세요.

안건 :

결정:

중보기도
◆ 가족 모두 각자의 기도제목을 나누고, 서로를 위해서 기도해줍니다.

우리 가족	기도 제목

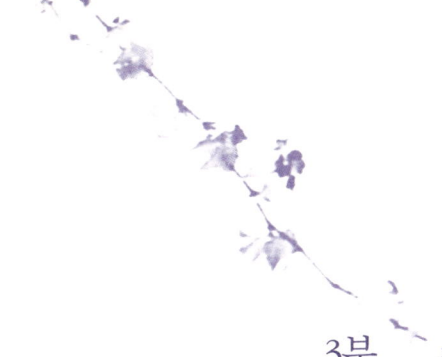

3부
최고의 열매를 거두다

5장 다윗, 최고의 승리를 거두다
6장 솔로몬, 최고의 지혜를 구하다
7장 야곱, 최고의 기회를 붙잡다

하나님은 '더 나은(better)' 기회가 아닌 '최고의(best)' 기회를 제공하신다. 이 최고의 기회를 제대로만 붙잡는다면 우리의 존재와 본성이 변화되고, 연약한 자가 강력한 '하나님의 사람'이 될 수 있을 것이다.

5장 다윗, 최고의 승리를 거두다

 인생의 성공 여부는 우리가 거두는 승리에 달려 있는데, 인생의 난관을 극복하고 승리를 거둔 자만이 진정 성공한 사람이라고 할 수 있다.
 난관의 종류가 다양하듯 승리의 종류도 다양하다. 어떤 난관은 작은 힘으로도 이겨낼 수 있지만 어떤 난관은 힘을 최대한 발휘해야 뚫고 나갈 수 있다. 우리의 능력을 최대한 발휘하게 해서 그 힘으로 난관을 극복했을 때 우리는 최고의 승리를 거두게 된다.
 다윗은 승리를 거둔 사람들 중 가장 흥미로운 인물로, 성경은 그를 위대한 영웅으로 여긴다. 성경에서 야곱의 이야기는 총 11장이고 아브라함의 이야기는 총 14장에 불과한 반면, 다윗의 이야기는 총 61장에 걸쳐 다루고 있는 것만 보더라도 우리는 다윗의 생애와 그의 삶이 주는 교훈을 주의 깊게 살펴볼 필요가 있다.

다윗은 인적이 드문 목초지에서 양을 치던 일개 목동이었다. 목초지 주변에는 사람들이 없었기 때문에 양을 잡아먹으려고 사자가 나타나면 그는 혼자서 많은 양떼를 지켜야 했다. 아마도 이 순간이 어린 소년에게는 매우 두려운 시간이었을 것이다. 충분히 양떼를 버려두고 달아날 수도 있었지만 다윗은 도망가지 않고 무시무시한 사자와 당당히 맞서는가 하면, 도리어 사자를 공격하면서 사자의 입에서 양을 구출하고 사자를 저 멀리 쫓아버렸다. 곰이 나타나 양을 잡아먹으려고 할 때도 다윗은 곤봉과 칼을 휘두르며 곰이 죽을 때까지 힘껏 싸웠다.

몇 해 전, 나는 알래스카에 방문한 적이 있었는데 외신 곳에 있던 집의 거실 바닥에는 곰 가죽이 깔려 있었다. 집주인 말에 의하면 어린 아들이 사냥을 나갔다가 곰을 만났는데 곰이 바로 눈앞에까지 달려들자, 순간 아들이 곰을 향해 쏜 총알이 곰의 심장에 박혔다고 한다. 아들은 너무 놀란 나머지 뒤도 돌아보지 않고 냅다 도망쳤고, 다음 날 아버지는 사냥터로 가서 곰의 가죽을 벗겨 집으로 가져 왔다. 그 가죽은 곰을 죽인 아이의 솜씨와 용기를 치하하는 일종의 전리품이었다. 그런데 총도 가지고 있지 않던 어린 다윗이 사자와 곰을 죽였으니 사자와 곰 가죽의 진짜 주인은 다윗이 아닐까!

이뿐만 아니라 다윗은 골리앗과도 맞섰는데 당시의 그는 햇빛에 그을려 볼에 번진 불그스레한 피부 빛이 아직도 선명한 어린 소년이었다. 다윗에게 이런 결투는 난생 처음이었다.

싸움 상대는 짐승이 아니라 사람이었고, 그것도 전장에서 산전수전 다 겪은 용사 중의 용사였다. 골리앗은 다윗보다 덩치도 훨씬 컸고, 힘에 관해서는 그 당시 최고라고 할 정도로 그의 거대한 목소리나 태도나 용맹함은 이스라엘 병사들의 간담을 서늘하게 할 정도였다.

맹수와 싸울 때는 순식간에 일어난 일이라 숨 돌릴 틈이나 겁낼 시간이 없었지만 골리앗과의 싸움은 그렇게 급박하게 진행되지 않았기 때문에, 다윗은 우람한 장수 앞에서 마음이 초조해지고 그나마 남아 있던 용기마저 다 사라질 것 같았다. 하지만 예상 외로 다윗은 자신을 비웃은 골리앗을 의기양양하게 마주했다. 이번에는 양떼가 아니라 이스라엘 전군이 위험에 처해 있었기 때문에 위대한 모험을 감행하기에 충분히 가치가 있었다.

다윗은 과감하게 조약돌 하나를 꺼내 물매로 휙 던져 거구인 골리앗을 쓰러뜨렸고, 골리앗의 칼과 머리는 승리의 전리품이 되었다. 어린 꼬마 하나가 두려움에 사로잡혀 있던 이스라엘 군대를 구하고 하나님의 명예를 지켜낸 것이다. 그 후 다윗은 백성들에게 인정과 사랑을 받았고, 나라를 위해 싸우는 모든 젊은이들의 영원한 우상이 되었다.

이 두 사건은 우리에게 시사하는 점이 있는데, 먼저 다윗이 사자나 곰을 물리친 사건은 그가 육체적으로 강하다는 사실을 보여준다. 다윗은 손과 팔의 힘만으로 맹수를 물리칠 만큼 근력이 강했다. 인간의 육체적 강인함에 매력을 느끼는 많은 사람들은 지구력을 겨루는 경기가 열리면 그곳이 어디든 찾아가서 선수들을 열렬히 응원하는데, 사실 이는 먼 옛날부터 계속 이어져오고 있는 모습으로 고대 그리스나 로마, 인도 사람들도 모두 인간의 근력에 관심이 많았다. 그들은 나무를 베어 숲을 상대로 승리를 얻어냈고, 흙을 쟁기로 갈아 밭을 상대로 승리를 일구었다.

사람들은 자연에 맞서거나, 운동 경기에서 다른 선수에 맞서거나, 또는 범죄자에게 맞서 승리를 거두길 원한다. 정당하게 힘을 겨루어 상대를 이기고 싶어 하는 야망은 충분히 인정할 만한 인간의 본성이다. 힘을 겨루어 승리한 사람은 영웅으로 추앙받기 때문이다.

그런가 하면 다윗이 골리앗과 맞붙어 싸우는 사건은 한 소년이 이스라엘과 하나님을 위해 벌인 싸움이었다. 이번에도 육체적인 싸움이었지만 이전과 다른 점은 힘과 기술이 결합되었다는 것이다. 더 정확히 말하면, 힘이 기술을 따르고 있었다. 이 싸움은 단순하게 힘만 겨루는 것이 아니었다. 골리앗의 힘이 다윗의 힘보다 훨씬 월등했기 때문에 힘으로는 다윗이 골리앗을 당해낼 수 없었다. 하지만 다윗은 침착했고 하나님의 군대를 모욕한 골리앗을 무찌르려는 높은 이상을 가지고 있었는데, 이런 점들이 육체적 힘의 부족함을 보완해 주었다.

이처럼 가장 강한 군대가 전투에서 늘 이기는 건 아니다. 이 싸움에서도 힘 센 골리앗이 졌듯이, 애국심이 투철한 사람 한 명이 백 명을 당해내기도 한다. 확고한 목적의식이 사기를 높여 적은 수로도 무수히 많은 적을 물리칠 수 있는 것이다.

이렇듯 강한 의지로 승리를 거둔 사람은 칭송을 받는다. 다윗의 이름도 시와 노래에 등장했는데, 사람들은 반복해서 시를 읊고 노래를 부르며 애국심을 고취시켰다.

사람들은 저마다의 영역에서 치열한 전투를 치른다. 그중에는 회사를 운영하거나, 책을 저술하거나, 강연을 하는 사람도 있다. 그들은 모두 자신이 가진 기술과 힘으로 난관을 극복하고 성공을 이루며 승리를 거둔다. 일개 목동이 최강의 전사를 쓰러뜨렸듯이 오늘날에도 가난한 소년이 자수성가하여 부자가 되기도 하고, 말더듬이 꼬마가 각고의 노력 끝에 데모스테네스처럼 유창한 웅변가가 되기도 하며, 어릴 때는 조금 부족해 보이던 아이가 커서 훌륭한 문학가가 되는 경우도 있다.

예를 들어, 율리시스 그랜트 장군Ulysses S. Grant, 미국의 제18대 대통령처럼 전쟁을 승리로 이끈 군인들과, 크리스토퍼 콜럼버스와 같은 탐험가들, 찰스 다윈과 같은 연구자들과 허버트 스펜서와 같은 사상가들은 모두 자기 분야에서 승리를 거둔 사람으로 인정받고 있다.

이 두 사건 외에도 다윗은 수차례에 걸쳐 외적들을 물리쳤다. 그는 오합지졸의 군대를 최강의 군대로 바꿔놓았다. 지도력과 기술을 겸비하고 있어 어떤 적도 다윗과 맞서지 못했고, 이스라엘 백성들은 전투에서 수많은 승리를 거둔 다윗을 민족의 자랑으로 여겼다. 다윗은 신체적 기량이나, 군사 기술이나, 행정 능력 등 왕으로서 지녀야 할 모든 요소를 갖추고 있었고 가는 곳마다 승승장구했다.

하지만 다윗이 짐승이나 사람과 싸워 승리했기 때문에 명성이 높아진 건 아니다. 다윗의 이야기가 성경에서 많은 부분을 차지하고 예수님이 자신을 다윗의 자손이라고 말씀하신 이유는 그가 자신과의 싸움에서 이겼기 때문이다. 다윗은 그 어떤 것보다 마음속에 가장 강력한 적이 있다는 사실을 알았고, 그

적을 제압해 위대한 승리를 이루어냈다. 다윗에게 중요한 것은 시인, 군인, 재판관, 건축가, 왕으로서 지녀야 할 지적 능력이나 자질이 아니라 자기 자신을 이기는 능력이었다.

다윗은 첫 번째로 '관용'과 '용서'의 승리를 거두었다. 다윗을 죽이기 위해 맹렬히 쫓던 사울 왕은 날이 어두워지자 어느 동굴 속으로 들어가 잠자리에 누웠는데, 그 동굴에는 다윗이 숨어 있었다. 다윗에게는 천금 같은 기회가 찾아온 것이다. 사울을 그 자리에서 죽이면 더 이상 쫓겨 다니지 않아도 되었다. 다윗의 부하들도 얼른 사울을 제거하라고 부추겼다. 하지만 다윗은 사울에 대한 원한을 억누르고 잠자고 있는 사울을 털끝만큼도 건드리지 않았다. 이처럼 진정으로 강인한 영혼은 원수를 측은히 여기며 용서한다.

많은 사람들이 바로 여기서 실패한다. 적과 맞서 용감하게 싸우긴 하지만 나중에 적에게 은혜를 베풀지는 못한다. 그들은 자기 분야에서 괄목할 만한 성공을 거두지만 경쟁자에 대한 시기와 질투심을 버리지 못하고 그를 짓밟거나 제거하려고 한다.

자신이 왕으로 부름 받았음을 알고 있었던 다윗은 사울의 박해가 부당한 것임을 알고 있었다. 그러나 다윗은 사울의 위엄과 권위를 보호하는 것이 하나님께서 기름 부어 세우신 왕에 대한 당연한 예우라고 생각했다.

적이 다윗 앞에서 속수무책으로 무릎을 꿇었을 때 다윗은 예의를 갖춰 적을 대했다. 다윗이 하나님의 마음에 합한 자라고 불린 이유가 여기에 있다. 그가 짐승이나 사람과 잘 싸워서가 아니라, 마음속의 시기심과 증오를 극복하고 상대방에게 넓은 아량을 베풀 줄 아는 사람이었기 때문이다.

다윗은 두 번째로 '회개'의 승리를 거두었다. 다윗은 우리아를 속이고 그의 아내인 밧세바를 범했을 때도 정직하게 죄를 인정하고 뉘우쳤다. 다윗이 지은 죄에 관해서는 변명의 여지가 없다. 성경도 다윗을 죄인으로 규정한다. 다윗은 자신이 범한 죄 때문에 하루도 마음 편할 날이 없었고 여생을 후회하며 살았다.

그런데 당시 시대 상황을 보면 다윗이 저지른 일은 절대적 권력을 지닌 전제군주로서 충분히 할 수 있는 일이었으며 다윗 이전이나 이후 왕들 역시 크게 다르지 않았다고 주장할 수도 있었다. 다윗 스스로 당시의 관습이자 왕의 특권이었다고 정당화하며 방심하는 사이 유혹에 못 이겨 충동적으로 저지른 일이었다고 대수롭지 않게 여겼을 수도 있었다.

하지만 하나님의 선지자 나단이 죄를 지적했을 때 다윗은 또 한 번 자기자신을 극복했다. 마음속에서 올라오는 음성, 예를 들어 '선지자의 말을 무시하라', '선지자 앞에서 약한 모습은

절대로 보이지 마라', '왕은 원래 하고 싶은 대로 할 수 있다'
라는 유혹의 음성을 억누르고 그는 하나님 앞에 겸손히 회개
하는 마음으로 이렇게 고백했다.

"내가 주께만 범죄하여 주의 목전에 악을 행하였사오니 주께
서 말씀하실 때에 의로우시다 하고 주께서 심판하실 때에 순
전하시다 하리이다" 시 51:4

이 세상에서 '회개'만큼 위대한 승리도 없다. 인간은 누구나
잘못을 저지를 수 있다. 어떤 사람은 무엇이 잘못된 건지 알면
서도 죄를 짓는다. 누군가는 서둘러 죄를 시인하지만 진정으
로 뉘우치지는 않는다.

애굽의 바로 왕은 똑같은 잘못을 반복해서 행했고, 사울 왕
은 죄를 고백하면서도 계속해서 악한 짓을 저질렀다. 예수님
의 제자였던 가룟 유다도 잘못을 인정했지만 진심으로 회개하
기는커녕 스스로 목숨을 끊고 말았다. 하지만 다윗은 그들과
달리 통회하는 심정으로 죄를 고백했다.

교만과 자존심을 물리치고 진심으로 뉘우치는 사람만이 진정
한 승리자가 된다. 자기 분야에서 성공을 거둔 사람들이 오히
려 인생 최고의 승리에 이르지 못하는 경우가 많은데, 이는 하
나님 앞에 엎드려 "주님, 이 죄인에게 자비를 베풀어 주십시
오"라고 고백하지 않았기 때문이다. 그들은 바리새인처럼 고

집스럽고 자기기만에 빠져 있으며 동료들에게 얼마나 큰 고통을 주었는지를 잊고 있다. 또한 선하게 살지 않는다는 사실을 자각하지 못한 채, 하나님의 은혜에 감사하지 않는 것이 얼마나 끔찍한 일인지 주의 깊게 생각하지 않는다. 이들에게서 하나님께 참회하는 모습을 찾아보기란 힘들다.

다윗은 세 번째로 '겸손'의 승리를 거두었다. 다윗은 성전을 건축하겠다는 원대한 꿈이 있었지만 대신 아들 솔로몬이 성전을 건축할 수 있도록 물심양면으로 준비했다. 사실 다윗은 자기가 왕위에 있을 때 최고의 성전을 건축하고 싶었고, 이를 위한 준비도 다 되어 있었다. 나라 주변의 위협적인 세력들을 진압하고, 주변 나라와 동맹을 맺어 성전 건축에 집중할 수 있는 평화로운 환경도 조성했다. 그는 모리아 산에 성전이 세워질 날만을 고대하며 꿈같은 나날을 보냈다.

그러나 하나님은 다윗이 아닌 그의 아들을 통해 성전을 건축하겠다고 말씀하셨다. 말하자면, 다윗의 성전이 아닌 솔로몬의 성전이 되는 것이었다. 그렇다면 다윗은 이 일에서 완전히 손을 떼야 했을까? 그의 마음속에는 이런 생각이 들었을지도 모른다. '이건 내 일이 아니야. 어차피 다른 사람이 영광을 취할 것이니 모든 짐을 넘겨버리자.' 다윗은 크게 실망했다. 학수고대하던 일이 더 이상 자기와는 상관없는 일이 되어버렸기 때문이다. 하지만 그는 실망감을 이겨내고 다시 일어섰다. 솔로몬이 성전 건축을 완성할 수 있도록 정성껏 만반의 준비를 갖추었다. 건축 계획을 세우고 인력을 구성하며 물자를 확보했다. 이 같은 다윗의 헌신으로 솔로몬은 재위 기간에 아름다운 성전을 완성할 수 있었다.

겸손은 누구나 쉽게 지닐 수 있는 성품이 아니다. 주목받기를 원하는 사람이 하찮은 자리를 기분 좋게 받아들이는 경우는 거의 없을 뿐더러 다른 사람의 일을 자기 일처럼 애쓰며 하는 사람도 드물다.

미국의 초대 대통령이었던 조지 워싱턴George Washington이 이끄는 군대에 찰스 리Charles Lee라는 장군이 소속되어 있었는데, 시기심 많은 찰스 리 장군은 상관인 워싱턴의 명령을 자주 어겼다. 찰스 리는 자신의 명예를 위해서만 싸웠지 워싱턴의 명예는 안중에도 없었다. 이처럼 명예욕이 가득한 사람은 겸손해지기 어렵다. 골리앗과 싸우고 전장에서 군대를 지휘할 때보다 솔로몬의 성전을 위해 건축 자재를 마련함으로 다윗은 더 위대한 승리를 거둔 것이다.

옳은 일을 행하는 사람은 훌륭하다. 옳은 일을 행하고 사랑을 베푸는 사람은 더 훌륭하다. 그러나 옳은 일을 행하고 사랑을 베풀고 하나님 앞에 겸손한 사람은 최고로 훌륭하다. 아무리 평판이 좋고 똑똑하며 돈이 많아도 하나님 앞에서 겸손하지 않은 사람은 최고의 승리에 이를 수 없다.

다윗이 나라 안에서 인구조사를 실시한 죄로 하나님께 벌을 받은 적이 있었다. 이때 다윗은 '희생'의 승리를 거두었다. 다윗은 인구조사를 통해 이스라엘의 군사력이 얼마나 강한지 가늠해보고 싶었다. 하지만 이는 하나님이 보시기에 어리석은 짓이었다. 이스라엘 국가의 안위는 군사의 수에 있지 않고 백성들이 하나님을 얼마나 의뢰하느냐에 달려 있었기 때문이다.

그럼에도 다윗이 인구조사를 강행하자, 하나님은 이스라엘 전역에 전염병을 보내셨고, 사흘 만에 수많은 사람들이 목숨을 잃었다. 하나님께서 보내신 전염병 앞에서 많은 인구와 강한 군사력은 아무 소용이 없었다.

다윗이 재앙을 내리는 천사가 아리우스의 타삭마당 근처에 서 있는 것을 보았을 때, 그는 욕심을 다 내려놓고 천사에게 울부짖었다. "나는 범죄하였고 악을 행하였거니와 이 양 무리는 무엇을 행하였나이까 청하건대 주의 손으로 나와 내 아버지의 집을 치소서"삼하 24:17 다윗은 백성들을 살리기 위해 가족과 자기 목숨을 내놓은 것이다.

이 같은 희생이 다윗이 이룬 가장 큰 승리가 아니었을까? 스위스의 전설적인 영웅인 빙켈리드Winkelried는 적이 쏜 화살을 모두 자기 몸으로 받아냈고, 그 결과 뒤에 있는 아군이 적진을 향해 돌격할 수 있었다.

자기를 희생하는 것만큼 고귀하고 위대한 일도 없다. 진정한 사랑은 자기희생에서 드러나는데, 예수님이 바로 자기희생의 산 증거이시다. 예수님께서 가장 높은 영광에 이를 수 있었던 이유는 폭풍우나 질병이나, 마귀와 율법학자와 싸워 이겨서가 아니라 우리를 위해 목숨을 내주셨기 때문이다.

우리는 이런저런 승리를 이루며 살아가는데, 그중 어느 것도 하찮게 여길 수는 없다. 단순히 육체적인 힘을 이용해 승리하는 것도 훌륭하고, 지혜로운 기술을 이용해 승리하는 것도 훌륭하다. 하지만 무엇보다 가장 훌륭한 승리는 자기자신을 이기는 것이다. 이것은 제일 어렵지만 가장 영광스러운 승리이다. 승리의 기회는 모든 사람에게 동등하게 주어져 있다.

다윗도 하나님의 도우심을 구하지 않았을 때는 자신과의 싸움에서 패배했지만, 하나님과 함께할 때는 승리할 수 있었다. 다윗은 수많은 실패를 경험했으나 모든 실패를 딛고 승리의 영광을 얻었고, '하나님의 사람'이라는 이름을 남겼다.

우리도 다윗처럼 연약한 죄인이지만 실패할 때마다 진정으로 회개하고 다시 일어선다면 하나님은 우리에게 믿음의 승리를 허락하실 것이다.

6장 솔로몬, 최고의 지혜를 구하다

 성경에 등장하는 솔로몬의 이야기는 놀랍고도 흥미롭다. 사람들은 키루스나, 알렉산더나, 카이사르에 대해서는 잘 몰라도 솔로몬만큼은 잘 알고 있다. 역사상 솔로몬의 이름은 어떤 인물보다도 시대와 지역을 초월해 많은 사람들의 입에 오르내리며 유대교나 기독교나 이슬람교 할 것 없이 민족의 우화나 신화에는 솔로몬의 이야기가 꼭 들어가 있다.

 솔로몬은 왕이 되자 하나님께 기도를 드렸다. 꿈속에서 하나님이 그에게 가장 바라는 것이 무엇인지 물으셨을 때, 솔로몬은 선과 악을 분별할 수 있는 지혜를 구했다. 장수(長壽)나 부(富)나 전쟁에서의 승리를 마다하고 무엇이 옳은지 판단할 수 있는 지혜를 달라고 한 것이다.

세상에는 수많은 종류의 지혜가 있지만 하나님께서 생각하시는 최고의 지혜는 선과 악, 진실과 거짓, 영원한 것과 순간적인 것을 구별하고 그중 선과 진실과 영원한 것을 선택하는 것이다. 놀랍게도 솔로몬은 하나님께 분별력을 구할 만큼 현명한 사람이었다.

대부분의 사람들은 그런 기회가 왔을 때 하나님께 무엇을 구할까? 어쩌면 그들은 "하나님, 천년만년 오래오래 살 수 있게 건강을 주세요", "세상에서 제일 큰 부자가 되게 해주세요", "저를 대적하는 사람은 누구라도 무찌를 수 있도록 막강한 힘을 주세요"라고 말할지도 모른다. 하지만 솔로몬은 무엇이 옳고 무엇이 그른지 분별할 수 있는 능력, 즉 인간이 가질 수 있는 '최고의 지혜'를 구했다.

솔로몬은 비범한 지혜를 지닌 사람이었다. 그가 어떻게 지혜로운 사람이 되었는지 우리는 알 수 없지만 추측컨대, 부모의 영향이 가장 크지 않았을까? 솔로몬의 어머니는 뛰어난 기지와 강인한 정신력을 소유한 사람으로 교육열이 대단했다. 그래서 아들의 지적 능력을 키우기 위해 물심양면으로 지원했다. 또한 탁월한 시인이었던 아버지, 다윗은 아들을 위해서 최고의 교사를 붙여 주었을 것이다.

그 배경이 어쨌든 분명한 사실은 솔로몬이 과학 분야에서 해박한 지식과 지혜를 가지고 있었다는 것이다. 어떤 작가들이 솔로몬을 '자연과학의 아버지'라고 부를 만큼 그는 자연에 대해 정통해 있었다. 솔로몬은 레바논의 아름다운 삼나무부터 담벼락 돌 사이에 자란 작은 우슬초에 이르기까지 모든 식물을 섭렵하고 있었고, 들짐승과 공중의 새와 땅을 기는 동물과 물속을 헤엄치는 물고기에 관해서도 해박했다.

솔로문은 문학적 재능도 뛰어났다. 그는 아름답고 세련되고 힘이 있는 글을 쓰는 작가였다. "하나님이여 주의 판단력을 왕에게 주시고 주의 공의를 왕의 아들에게 주소서"로 시작하는 시편 72편과 "여호와께서 집을 세우지 아니하시면 세우는 자의 수고가 헛되며 여호와께서 성을 지키지 아니하시면 파수꾼의 깨어 있음이 헛되도다"로 시작하는 시편 127편은 모두 솔로몬이 지은 시다.

솔로몬이 쓰거나 편집한 시가 상당히 많이 포함되어 있는 시편은 솔로몬의 문학적 재능이 응축된 기념비적인 작품이라 할 만하다. 덧없고 허무한 인간의 삶을 성찰한 '전도서' 역시 솔로몬이 집필한 책이며, 어느 여름날 푸른 하늘을 날아오르며 지저귀는 종달새의 울음소리처럼 사랑스럽고 달콤한 '아가'서도 솔로몬의 시적 감성과 영성이 충만하게 반영되어 있다.

하지만 여기서 말한 책은 솔로몬의 저작 가운데 극히 일부에 불과하다. 그가 지은 시는 무려 1000여 편에 이르고 잠언은 자그마치 약 3000편이나 된다. 성경에는 솔로몬의 문학적 감각과 실력이 어느 정도인지 가늠할 수 있을 정도로만 글이 실려 있다. 사리 분별, 경제관념, 부모 공경, 자기 절제, 도덕성, 정직함, 본분에 충실함 등 솔로몬의 글에 담긴 지혜는 모든 세대와 지역을 아우를 수 있을 만큼 탁월하다.

솔로몬의 잠언을 마음에 새기고 인생의 철칙으로 여기는 사람은 어딜 가서 무슨 일을 하든 경건함을 잃지 않을 것이다. 또한 솔로몬의 잠언을 가훈으로 삼고 지키는 가정은 건강하고 행복한 가정을 이룰 수 있을 것이며, 솔로몬의 잠언을 자기 분야의 원칙으로 삼는 사람은 주변 사람들에게 신뢰를 얻고 존경받는 인물이 될 것이다.

이뿐만 아니라 솔로몬은 무역·경제 분야에서도 비상한 지혜를 발휘했다. 그는 무역을 통해 얻을 수 있는 이점을 잘 알았기 때문에 이스라엘의 대외 무역의 범위를 확대해 나갔다. 홍해를 거쳐 인도양까지 무역선을 보내 아라비아와 인도 등지에서 나는 금, 은, 귀금속, 향유, 알로에, 백단유, 상아, 원숭이, 공작새 등을 수입했다. 지중해를 따라 북쪽 해안에 있는 두로에도 무역선을 보냈고, 서쪽으로는 '헤라클레스의 기둥'이라고 불리는 지금의 지브롤터 해협을 통과해 대서양 북쪽으로 올라가 영국 남부의 콘월 지방까지 당도했다.

이스라엘 사람들은 영국 남부에서 주석을 발견했다. 주석을 구리와 혼합하면 청동이 만들어지는데, 이 청동으로 갑옷이나 청동 가구를 만들 수 있었다. 이처럼 솔로몬은 배를 통해 많은 지역에서 온갖 귀중한 물건을 들여왔고 이것으로 예루살렘 도시를 아름답게 장식했다.

바다의 배뿐만 아니라 '사막의 배'라 할 수 있는 낙타를 이용해 무역을 실시하기도 했다. 솔로몬은 당시 예루살렘을 통과하는 거대한 대상(隊商) 이동로를 만들고 북쪽 다메섹에서 남쪽 멤피스까지 운송하는 상품과 또 동쪽 다드몰에서 서쪽 소아시아까지 운송하는 상품에 대해 관세를 부과했다.

솔로몬은 다른 나라의 문물과 문화에 지대한 관심을 보이며 그 나라의 왕과 왕비, 상인, 선원, 저술가로부터 많은 지혜와 영감을 얻었다. 사람과 기술과 경영에 대한 솔로몬의 지식은 실로 방대했다.

솔로몬은 또한 정치에도 밝았다. 솔로몬이 왕위에 오를 때만 해도 정부의 힘이 미약했고 체계적인 조직을 갖추지 못했었다. 아버지 다윗 왕이 말년에 몸이 쇠약해지는 바람에 여기저기서 등장하는 반대 세력들을 효과적으로 제압하지 못했기 때문이다. 그러나 정권을 장악한 솔로몬은 반대 세력을 슬기롭게 진압하고 통합된 왕국을 이루어갔다. 비로소 솔로몬 왕국의 영광이 빛을 발하기 시작한 것이다. 가까운 나라와는 조약을 체결하고 선물을 보내기도 했다. 외적의 침입이 없으니 평화로운 시기가 지속되었다. 국내 정세가 안정되자 백성들은 세금을 많이 낼 수 있었고 이스라엘은 부유한 나라로 성장했다.

솔로몬의 지혜는 이스라엘에 지대한 영향을 미쳤고, 그의 명성은 이스라엘을 넘어 이웃 나라로 퍼져 나가 사람들은 솔로몬을 만나 지혜를 구하기 위해 먼 길을 찾아왔다. 심지어 스바의 여왕은 수많은 신하들을 거느리고 엄청난 양의 향료와 보석, 금을 낙타에 실어 예루살렘까지 찾아왔다.

이처럼 솔로몬은 구석구석 영향을 미치지 않은 곳이 없었다. 솔로몬을 한 번도 본 적 없던 사람들도 그의 이야기를 전설 속에 담았고, 이는 여러 신화와 전설을 통해 전해지며 오늘날까지도 추앙받고 있다. 역사상 그는 가장 지혜로운 사람으로 알려지면서, 심지어 신비한 영적 세계로부터 통찰력을 얻고 영적 존재들을 통제할 힘까지 갖고 있었다고 전해졌다.

또한 솔로몬이 가진 재물은 가히 상상도 못할 정도였는데, 이는 고대 로마의 어떤 황제가 누린 재물과도 비교되지 않았다. 고대 멕시코와 페루의 왕이 전하는 이야기를 보면 당시 솔로몬의 영광이 어느 정도인지 가늠해 볼 수 있다. "솔로몬이 지은 성전의 벽과 문과 바닥은 모두 황금으로 덮여 있었다. 마치 요한이 묘사한 천국을 직접 눈앞에서 보는 것 같았다."

솔로몬이 성전으로 가는 길이나 처소로 가는 길에는 수백 명의 근위대가 황금을 입힌 창과 방패를 들고 늘어서 있었다. 상아로 만든 왕좌와 왕좌에 오르는 계단도 황금으로 장식했고, 궁전 안에 있는 술잔과 그릇도 모두 황금으로 만들었다. 솔로몬은 세상에 없던 어마어마한 규모의 성전을 건축했는데, 성전을 짓고 장식하는 데만 천문학적인 비용이 들어갔다.

오늘날 여행객들은 레바논의 바알베크Baalbec에 방문하면 석공들이 채석장에서 옮겨 온 돌을 다듬어 거대한 벽과 기둥을 세워 놓은 걸 볼 수 있다. 또 아테네에 가면 고대 그리스의 무덤에서 출토해 전시해 놓은 화려한 금 장신구도 볼 수 있으며, 이집트에서는 어마어마한 규모의 피라미드도 볼 수 있다. 솔로몬은 이처럼 뛰어난 고대 지중해 세계의 건축 기술과 세공 기술을 섭렵하여 예루살렘 성전과 도시를 짓는 데 활용했다.

솔로몬이 이처럼 뛰어난 지혜를 평생 동안 잘 간직했다면, 예수님을 제외하고, 역사상 솔로몬에게 필적할 만한 인물은 아무도 없었을 것이다!

하나님은 솔로몬의 기도대로 선과 악을 분별할 수 있는 지혜를 허락하셨고, 그는 처음에는 그 지혜를 잘 발휘했다. 어느 날, 한 아이를 두고 서로 자기가 어머니라고 주장하는 두 여인이 솔로몬에게 나아와 누가 아이의 진짜 엄마인지를 묻자, 솔로몬은 아이를 반으로 잘라 똑같이 나눠 가지라고 명령했다. 결국 아이의 진짜 어머니가 울면서 아이를 죽이지 말라고 애원하자, 솔로몬은 그 여인에게 아이를 돌려주었다.

『솔로몬의 행적』, 『나단 선지서』, 『아히야의 예언』, 『잇도의 환상』이라는 책은 솔로몬이 얼마나 예리하고 통찰력이 뛰어난 인물인지를 보여준다. 예를 들어, 생화와 조화를 한 눈에 구분하고, 똑같은 옷을 입은 남자아이와 여자아이의 성별을 구별하는 등 혼란스러운 소송 건에 대해서도 현명하게 판결했다는 이야기가 나온다.

솔로몬이 분별력이 살아 있을 때는 자신을 대적하는 자를 파악하여 제거했고 제대로 간언하는 사람들의 이야기를 귀 기울여 들었다. 또 자신이 감당해야 할 최고의 임무였던 성전 건축에 힘썼고 하나님께 죄를 지으면 속죄의 제사를 지냈다.

솔로몬은 호화로운 집에서 살았지만 하나님께서 거하시는 성전은 더 호화롭게 지었다. 천문학적인 부가 축적될 때도 하나님께 기쁨으로 영광을 돌렸던 솔로몬은 지식이나 쾌락이나 권력이나 명예보다 하나님을 향한 사랑을 최우선으로 여겼다.

솔로몬이 처음 모습을 그대로 유지했더라면 얼마나 좋았을까! 오늘 하나님께 지혜를 구한 것처럼 내일도 동일한 마음으로 지혜를 구했더라면 그는 하나님께서 주신 축복을 영원히 누렸을 것이다. 자신의 지적 능력을 믿기보다 겸손하게 하나님께 분별력을 구하는 사람이 가장 지혜로운 사람이다.

솔로몬도 한때는 그런 지혜로운 사람이었지만, 세월이 흐르면서 변하고 말았다. 나이가 들면서 세속적인 철학에 대해 언급은 했지만, 그때까지만 해도 지혜로운 사람이었던 솔로몬은 결국 세속적인 철학을 따라 살게 되면서 지혜롭지 못한 사람이 되고 말았다.

재물이 지닌 참 가치와 폐해를 분간하지 못했던 그는 돈 자체를 사랑하는 사람이 되어버렸고, 백성들이 감당할 수 없을 만큼 많은 세금을 착취하는 등 백성을 자녀처럼 사랑하지 않고 그저 노예처럼 부려먹었다.

솔로몬은 진정한 아름다움과 병적인 사치도 분간하지 못했다. 솔로몬이 호화로운 궁전과 정원을 만든 이유는 하나님의 이름을 높이고 백성과 함께 영광을 나누기 위해서가 아니라 자신의 명예를 드높이고 사람들에게 인정을 받기 위해서였다. 어느새 그는 사치와 자만의 노예가 되어버렸다.

이렇게 되기까지는 정략적으로 이방 나라의 여인들과 결혼한 것도 문제가 되었다. 하나님이 아닌 이방 신을 섬기는 아내들이 솔로몬에게 영향을 미쳤던 것이다. 솔로몬이 왕궁을 이방 여인들로 가득 채웠다는 것은 나라가 그만큼 부유하다는 사실을 보여주지만, 한편으로는 이스라엘이 종교적 순수성을 잃을 수밖에 없는 비참한 상황이었음을 암시하기도 한다. 솔로몬은 이제 자신이 무엇을 좋아하는지, 원칙적으로 무엇이 옳은 것인지 점점 분별하지 못했다.

그는 살아계시고 참되신 하나님을 잊어버린 채 이방 신들을 따랐다. "시돈 사람의 여신 아스다롯을 따르고 암몬 사람의 가증한 밀곰을 따름이라" 왕상 11:5 심지어 하나님의 성전에서 보이는 곳에 이방 신의 산당을 짓기도 했다. "또 예루살렘 앞 멸망의 산 오른쪽에 세운 산당들을 왕이 더럽게 하였으니 이는 옛적에 이스라엘 왕 솔로몬이 시돈 사람의 가증한 아스다롯과 모압 사람의 가증한 그모스와 암몬 자손의 가증한 밀곰을 위하여 세웠던 것이며" 왕하 23:13

포로 시대에 다니엘이나 사드락은 목숨을 위협 받더라도 이방 신에게 절대로 절하지 않았다. 로마의 압제 속에 있던 순교자들도 황제 '카이사르'의 이름을 절대로 입에 올리지 않았고 이방 신의 제단에 곡식 한 톨 올리지 않았다.

그러나 솔로몬은 이방 신을 위해 산당까지 지은 것이다. 그는 이제 더 이상 진리와 거짓, 하나님과 우상, 거룩한 원칙과 인간적 방편을 분별하지 못했다. 최고의 지혜를 상실하면서 마음의 평안과 하나님을 향한 사랑도 잃어버렸다. 부와 명예와 권력은 여전히 남아 있었지만 그는 세상에서 가장 큰 죄악을 저질렀다.

다행히도 그는 나중에는 자신의 과오를 깨달았다. 우리는 솔로몬이 죽기 전에 진심으로 회개하고 하나님께 돌아와 최고의 지혜도 회복했길 바란다. 하지만 솔로몬의 마지막이 어찌됐든 변함없는 사실은, 그가 한때는 세상에서 가장 지혜로운 사람이었다가 세상에서 가장 어리석은 사람으로 변했다는 것이다. 그는 지혜롭기를 포기하면서 어리석은 사람이 되고 말았다.

솔로몬 이야기의 교훈은 이것이다.

"지혜가 제일이니 지혜를 얻으라 네가 얻은 모든 것을 가지고 명철을 얻을지니라" 잠 4:7

선과 악을 구별하여 선한 것을 따르지 않으면 무엇을 하든 최선의 삶을 살 수 없다. 부와 지식과 명예가 아무리 대단해도 지혜가 없으면 최선의 삶을 살기 어렵다. 진정한 지혜를 갖추기 위해서는 진리를 온전히 분별할 수 있는 능력이 요구된다.

사람은 누구나 이 분별력을 소유할 수 있고, 적어도 무엇이 악한 것인지 깨닫고 마귀의 노예가 되는 걸 피할 수 있다. 이런 점에서 오히려 어린아이가 어른보다 더 현명할지도 모른다. 배움이 부족한 농부가 학식이 높은 학자보다 더 나을 수도 있는 것처럼 제아무리 많은 지식이 있다 해도 선악을 구별할 수 없는 사람은 자기 인생을 구원할 수 없다.

청년의 때에 우리는 하나님께 지혜를 구해야 한다. 이 시기는 앞으로 어떻게 살지 처음으로 결단하는 시간이기 때문이다. 젊은 시절은 하나님께서 우리에게 분별의 마음을 주시기 가장 좋은 시간이다.

우리는 진리에 대한 민감함을 가지고 인생을 시작해야 한다. 총을 쏘는 사람이 표적을 명확히 설정해야 총알이 얼마나 빗나가는지 알 수 있듯이, 우리도 참 진리가 무엇인지 분명히 알아야 흔들리지 않는 중심을 잡을 수 있다. 그리고 옳은 판단을 할 수 있도록 '훈련된' 통찰력과 분별력도 필요하다.

영국의 역사가 프레데릭 해리슨Frederic Harrison은 다음과 같이 말했다. "미국의 초대 대통령 조지 워싱턴이 훌륭한 이유는 풍부한 상상력, 뛰어난 지능, 현란한 말솜씨가 아닌 지혜로움 때문이다. 그는 사람들의 마음을 꿰뚫어볼 수 있는 혜안을 가지고 있었다."

영국의 여왕 빅토리아Queen Victoria도 지혜로운 사람으로 칭송받는데, 처음에는 그녀가 취임하고 6개월 뒤 국회의사당에 들어갔을 때는 그 누구도 반갑게 맞이하는 사람이 없었다. 하지만 취임 60주년 기념행사가 열렸을 때는 런던 시내에 여왕에 대한 존경과 사랑의 찬가가 울려 퍼졌다. 이전에는 어떤 군주도 이런 대접을 받아보지 못했다. 사람들이 이처럼 경의를 표한 이유는 빅토리아 여왕이 지혜로운 통찰력으로 사회의 악을 뿌리 뽑고 정의와 진리가 살아 있는 나라를 만들기 위해 노력했기 때문이다.

우리 모두에게 필요한 것, 그리고 우리 모두가 간절히 소망해야 하는 것은 바로 하나님께서 주시는 참된 지혜다. 지혜를 가진 자만이 진리를 옳게 분별할 수 있고 최고의 존재이신 하나님만 바라보고 사랑하며 따를 수 있다.

7장 야곱,
최고의 기회를 붙잡다

 사람들은 '기회'가 찾아오는 순간 그것을 잡아야 한다고 말한다. 기회를 잘 이용하면 성공에 도달할 수 있기 때문이다. 살다 보면 적어도 한 번 이상은 특별한 순간이 찾아온다. 그 시간을 제대로만 활용한다면 영원한 복을 얻게 되는데, 이는 수많은 경험을 통해 증명된 사실이다.

 인류의 역사를 보면 결정적인 기회가 찾아왔을 때 이 기회를 어떻게 이용하느냐에 따라 좋은 결과를 가져오기도 하고 나쁜 결과를 가져오기도 했다. 이러한 사실은 개인에게도 적용해 볼 수 있다. 인생의 모든 시간이 다 똑같지는 않지만 여러 가지 이유로 특별한 순간이 찾아올 때가 있는데, 그 순간을 잘 활용하면 발전하는 계기가 되고 그렇지 않으면 퇴보할 수도 있다.

　이 특별한 시간이 바로 우리에게 찾아오는 최고의 기회인데, 그 시간에는 우리의 의무가 평소보다 더 명확히 드러난다. 또한 우리의 마음은 선한 가치를 향하고 하나님을 향한 새로운 마음과 소망을 더 민감하게 느끼게 된다.

　하지만 이 순간이 모든 사람에게 최고의 시간이 되는 건 아니다. 어떤 사람에게는 그 기회가 오히려 마음을 무겁게 하거나 전혀 영광스러운 일이 아닐 수도 있다. 분명한 건 그 시간은 우리에게 옳은 것이 무엇이고 이를 행하는 책임감이 어떤 건지 확실히 알려준다는 것이다. 그리고 하나님께서 인도하시는 길이 자신이 가야 할 길이라는 확신이 생긴다.

　사람은 어느 상황에나 기회가 찾아오는데, 이때 어떻게 처신하느냐에 따라 좋은 기회를 만들어 낼 수도 있다. 인생 가운데 무엇보다 최고의 기회는 우리의 영혼이 하나님을 마주하는 시간이다.

　야곱은 자신에게 주어진 기회를 잘 이용해 오명을 벗고 영광을 얻은 사람이다. 그는 불행한 운명을 타고났고 불우한 환경에서 자랐다.

　근대 조각가인 조지 그레이 바너드George Grey Barnard는 '우리의 두 본성'이라는 조각 작품을 남겼는데, 선과 악을 상징하는 두 사람이 서로 주도권을 장악하려고 싸우는 모습을 묘사했다.

선과 악이라는 두 본성은 모든 사람에게 존재하는데, 특히 야곱에게서 이것이 극명하게 드러났다. 야곱 안에서 선과 악 중 누가 승리를 차지했을까? 싸움은 격렬했고 장기간 지속되었다. 선이 악에게 무참히 패배한 적도 있었다. 하지만 실패를 딛고 일어나 다시 싸움을 벌인 끝에 결국 선이 최후의 승리를 거두었다. 야곱이 승리를 얻을 수 있었던 이유는 하나님께서 주신 기회를 잘 붙잡았기 때문이다.

야곱은 늙어서 앞을 잘 보지 못하는 아버지 이삭을 속였다. 우리는 이 사건을 살펴보기 전에 야곱의 어머니가 아들이 태어나기 전부터 아버지의 복(장자권)은 야곱이 물려받아야 한다고 했던 사실을 기억해야 한다. 어머니 리브가는 야곱에게 아버지의 복은 네 것이라고 가르쳤을 테고 그는 복을 얻으려면 아버지를 속일 수밖에 없다고 생각했을 것이다.

어머니는 형 에서보다 야곱이 복을 받기에 적합하다고 생각했다. 에서는 성격이 쾌활하고 주로 집 밖에서 활동했으며 즐겁고 유쾌한 분위기를 좋아했지만 신중하거나 사려 깊게 행동하지는 못했기 때문에 에서가 아버지의 복을 받도록 내버려두면 머지않아 복을 다 날려버리고 가문에도 큰 화가 될 것이라고 생각했다. 그러니 야곱이 복을 받아야 마땅했다.

게다가 고령의 이삭은 무엇이 옳은 일인지 사리 분별을 제대로 하지 못하는 상태였다. 야곱이 아버지의 복을 얻으려고 형 에서인 척 가장하고 고기를 가져갔을 때도 이삭은 야곱이 아닌 에서가 왔다고 착각했을 정도였다.

그러나 어떤 이유에서건 아버지를 속인 것 자체가 정당화될 수는 없다. 모든 죄가 그렇듯, 아버지를 기만한 죄는 끔찍한 결과를 가져왔고 야곱의 남은 인생에 적잖은 영향을 끼쳤다. 야곱이 아버지를 속였듯이 야곱의 아들들도 자기 아버지를 기만했다. 멀리 갈 것도 없이 범죄를 저지른 뒤 얼마 지나지 않아 신변에 위험을 느낀 야곱은 화가 난 에서를 피해 당장 몸을 숨겨야 했다.

집도 없고 친구도 없이 도망자 신세가 된 야곱은 날이 저물어 벧엘이라는 곳에서 잠을 청했다. 그는 자다가 꿈을 꾸었는데, 야곱의 머리 위로 하늘이 열리고 땅과 하늘을 연결하고 있는 사다리를 하나님의 천사들이 오르락내리락하고 있었다.

이때 야곱은 몇 가지 사실을 깨닫게 되는데, 첫 번째는 하나님이 지금까지 야곱을 버리지 않고 함께하셨다는 것이고, 두 번째는 하나님이 야곱의 죄를 용서하시고 그를 축복하실 마음이 있으시다는 것이다. 세 번째는 하나님께 헌신하면 언젠가는 벧엘을 야곱에게 주시고 야곱을 통해 모든 백성에게 복을 주시겠다고 약속하셨다는 사실이며, 마지막으로 이 약속은 성취되는 데 오랜 시간이 걸리지만 하나님은 언젠가 분명히 약속을 이루실 것이고 그때까지 야곱을 지키실 거라는 사실이었다.

야곱이 꿈에서 깨어났을 때, 이 네 가지 생각, 즉 하나님의 임재, 하나님의 용서, 하나님의 부르심, 하나님의 보호하심이 마음속에 강하게 남아 있었다. 살면서 지금처럼 행복한 시간도 없었다. 이전에는 꿈도 못 꿀 생각을 갖게 된 것인데, 그에게는 하나님의 놀라운 사랑에 대해 새롭게 깨닫는 시간이었다. 야곱이 큰 축복을 받을 만한 일을 한 적은 전혀 없었다. 그렇다면 하늘 문을 닫고 죄를 지은 그가 다시는 하나님께 돌아오지 못하도록 막았어야 하는 것 아닌가?

누구나 죄를 지은 사람은 그만한 대가를 치러야 한다고 생각한다. 아담과 하와가 죄를 지었을 때 하나님은 동산에서 그들을 내쫓으시고 다시는 돌아오지 못하도록 천사를 시켜 불 칼을 들고 동산 문을 지키게 하셨다.

하지만 이번에는 하나님께서 자비를 보여주셨다. 죄를 지은 야곱이 회개하길 바라셨으며, 그가 회개했을 때 용서하시고 축복하셨다. 또 앞으로 야곱이 하나님의 뜻을 이루고자 노력

한다면 언제든 도우시겠다고 약속하였다.

야곱은 하나님께서 주신 약속의 말씀을 들었을 때 어떤 반응을 보였을까? 하나님의 말씀을 금세 잊어버리고 다시는 떠올리지 않았을 수도 있다. 또는 대부분의 사람들처럼 하루 이틀 정도 생각을 좀 해보다가 시간이 지나면서 말씀이 희미해지고 영영 마음속에서 떠났을지도 모른다.

어머니가 자녀에게 회개하길 바라는 마음을 담아 편지를 보냈을 때, 마음이 악한 자녀는 편지를 보고 어머니의 마음을 알면서도 이내 편지를 구겨 난롯불에 던져 버린다. 그리고 대부분의 자녀들은 그런 내용이 담긴 편지를 본 당시에는 마음이 찔리거나 자극을 받지만 얼마 지나지 않아 어머니의 말씀을 잊어버린다.

영국의 과학자 찰스 다윈Charles Darwin도 그런 사람 중 하나였다. 젊은 시절 하나님은 그에게 이따금 말씀을 주셨지만 그는 말씀을 마음에 새겨두지 않았다. '너를 지키고 축복하겠다'는 하나님의 말씀을 다윈은 결코 소유하지 못했다.

하지만 야곱은 달랐다. 그는 영혼이 새로워질 기회라는 소망을 지닌 채, 자신에게 찾아온 이 기회를 소중히 여겼다. 야곱은 하나님 앞에서 경외감에 휩싸였는데 경외심이란 이를 받을 만한 가치가 있는 대상 앞에서 자연스럽게 우러나오는 감정이다. 물론 야곱은 타인의 말에 쉽게 영향을 받을 만큼 단순한 사람은 아니었다. 그는 냉철하고 계산적이고 세상 물정에 밝은 사람이었다. 하지만 돈과 재산을 가장 중요하게 여겼던 야곱도 하나님의 축복이 인생에서 제일 중요하다는 것을 깨달았다. 그렇기 때문에 야곱은 경외심이 느껴지던 그 특별한 시간을 귀하게 생각했고, 바로 그곳에서 하나님께 회개하고 믿음을 고백했던 것이다.

야곱은 하나님께 헌신한다는 의미로 주의 이름으로 돌기둥을 세우고 기름을 부었는데 그것이 세상의 모든 예배당, 회당, 성당, 교회의 시초가 되었다. 돌기둥은 세상 모든 사람에게 선포하는 믿음의 증거였다. 그러나 그것만으로는 충분하다고 생각하지 않았던 야곱은 하나님이 신실하게 약속을 지켜주신다면 주가 주신 모든 것의 십분의 일을 바치겠다고 맹세했다. 이 맹세는 야곱의 인생이 끝나는 날까지 함께했다.

그 후 야곱의 인생은 변화되기 시작했고 맹세한 바를 이루기 위해 한걸음씩 꾸준히 앞으로 나아갔다. 하나님께서 함께하시는 '최고의 순간'에는 해야 할 의무를 뚜렷하게 인식하고 하나님의 새로운 계시를 분명히 깨닫게 된다. 그래서 가장 소중한 것을 하나님께 맹세한다.

하지만 에서는 이 부분에서 실패한 사람이었다. 주위 사람들은 동생 야곱보다 형 에서에게 더 많은 매력을 느꼈다. 활달하고 인심 좋고 시원시원하게 말도 잘하는 데다 다정하고 너그러운 면도 있었던 에서는 확실히 어릴 때부터 욕심 많고 비밀스러운 동생 야곱보다는 호감이 가는 사람이었다.

그런데 막상 하나님께서 인생의 기회를 허락하셨을 때, 에서는 그 기회를 잘 사용하지 못했다. 그 순간 에서도 자신이 저지른 죄 때문에 힘들어하며 하나님 앞에서 회개하고 새로운 의무를 감당해야 한다는 사실을 알게 되었다. 심지어 자신이 저지른 실수와 상실 때문에 눈물을 흘리기까지 했다.

하지만 자신의 상태가 얼마나 심각한지를 깨닫지 못했던 에서는 죄를 회개하며 하나님께 돌아오지 않았고 헌신의 맹세도 하지 않았다. 야곱은 하나님께서 주신 기회를 잘 붙잡아 하나님을 바라볼 수 있었지만, 에서는 기회를 붙잡지 못하고 하나님을 외면했던 것이다.

야곱에게는 또 다른 기회도 있었는데, 하란으로 피신한 그는 이방 사람들과 함께 20년을 보내게 되었다. 거기서 레아를 위해 7년, 라헬을 위해 7년을 일했고 또 6년을 더 일하며 지내는 동안 그는 벧엘에서 받았던 하나님의 약속을 생각하며 마음을 단단히 지켰다. 하나님의 약속 때문에 우상을 숭배하지도 않고 긴 시간을 담대하게 인내할 수 있었다. 삼촌인 라반은 야곱에게 술수를 쓰기도 하고 무정하게 대할 때도 있었지만, 그 순간에도 야곱은 마음을 잘 다스렸고 넓은 아량을 보여주었다.

야곱이 라반의 집에서 열심히 일을 도와주기 시작하면서 양 떼가 크게 불어나서 어느새 라반은 큰 부자가 되었다. 양이나 염소 중에 다치거나 병든 것이 있으면 야곱은 정성을 다해 돌보았다. 야곱이 라반에게 얼마나 많은 재물을 가져다줄지 알았다면 라반은 함부로 야곱을 속이거나 실리를 꾀하지 않았을지도 모른다.

하지만 실제로 라반은 야곱을 노예 부리듯 대했다. 그러자 야곱도 이에 질세라 삼촌에게 비열한 방법으로 앙갚음을 했다. 세월이 흘러 야곱은 고향으로 돌아갈 수 있을 정도로 재산을 많이 모았다. 열심히 일한 대가로 라반에게서 양과 염소를 많이 얻었는데, 이때 라반에게 복수하려고 잔꾀를 써서 병약한 가축을 라반 쪽으로 가게 한 적도 있었다.

한편 야곱에게 인생의 두 번째 큰 위기가 찾아왔다. 야곱은 고향으로 돌아가는 길에 에서가 살고 있는 지역을 지나가야 했다. 에서는 그동안 야곱에게 증오심을 품고 살아왔는데, 그 증오심이 점점 커져 야곱을 죽일 생각까지 하게 되었다. 에서는 사납고 힘이 세 함부로 상대할 수 없는 사람이었다.

이때 하나님은 다시 한 번 야곱에게 기회를 주셨다. 동쪽에서 라반이 쫓아왔지만 서로 화해하고 복을 빌어주며 문제가 원만히 해결되었다. 그러나 벧엘로 가는 서쪽에는 에서가 기다리고 있었다. 야곱은 에서를 어떻게 만나야 할지 몰라 하나님께 물었다. 그리고 고심 끝에 지혜를 발휘해 자신이 가진 가축 중에 가장 좋은 것들만 골라 앞서 가게 하면서 종들에게 에서를 만나면, 이것이 모두 에서에게 보내는 야곱의 선물이라 전하라고 했다. 야곱은 여전히 냉철하고 계산적이었다. 그 다음으로는 자기 가족과 나머지 가축 떼를 보내 얍복 강을 건너게 하고 자신은 홀로 뒤에 남았다.

다시 깊은 밤이 찾아왔다. 간혹 어두운 밤이 진리를 깊이 묵상하고 옳은 일을 분별하는 데 도움이 될 때가 있다. 햇빛은 우리가 믿음의 길을 안전하게 걸을 수 있도록 길을 비춰주지만, 믿음의 길 자체는 밝을 때보다 고요하고 어두운 밤에 더 자주 발견된다.

그날 밤, 야곱은 두려운 시간을 보냈다. 하나님이 함께하신다는 약속을 생각하면서도 한편으로는 반신반의했던 것이다. 야곱은 하나님이 정말 자기를 지켜주시는 분인지 의심이 생겼다. 하나님 앞에서 과거에 지은 죄를 이미 회개했고 하나님이 주시는 은혜가 점점 커져갔지만, 그럼에도 하나님을 향한 믿음은 여전히 불안했다.

'하나님께서 정말 내 편에 서 계실까?', '나를 가나안 땅으로 데려가 그 땅을 주시겠다고 약속하신 하나님께서 진짜 나를 지켜주실까?' 이런 의심이 마음속에서 꿈틀대고 있는데, 그때 어둠 속에서 사람 형상을 한 누군가가 나타나 야곱을 붙잡고 씨름을 하기 시작했다. '하나님께서 보호하신다는 약속을 믿지 않고 이 낯선 자에게 붙잡혀 죽음을 당해야 하는가? 아니면, 하나님의 약속을 붙잡고 이 낯선 자와 죽도록 싸워 목숨도 구하고 사명도 완수해야 하는가?' 야곱에게 결단을 내려야 하는 절체절명의 순간이 찾아온 것이다.

종교개혁가 마르틴 루터에게도 보름스 국회를 앞두고 전날 밤 그와 같은 시간이 찾아왔는데, 루터는 '내일 하나님의 섭리를 불신하고 신앙 고백을 철회해야 하는가, 아니면 하나님 안에서 나의 신앙을 지켜야 하는가'를 두고 치열하게 씨름했다. 루터의 제자였던 패트릭 해밀턴Patrick Hamilton도 진리를 부정할 것인지, 아니면 화형에 처해질 것인지를 두고 마음의 결정을 내려야 했다. 마찬가지로 우리에게도 가령 '이 결혼을 해야 하는 건지', '이 사업을 추진해야 하는 건지' 등 중요한 결정을 내려야 하는 순간이 찾아온다.

야곱은 낯설고 두려운 존재에게 굴복하지 않았다. 하나님께서 목숨을 지켜주실 거라고 믿음을 갖고 낯선 자를 꽉 붙잡고 힘껏 겨루자, 낯선 자가 야곱의 허벅지 관절을 쳐서 관절이 어긋났다. 마침내 낯선 자가 누구인지 드러났는데, 그는 바로 전능하신 하나님이셨다. 야곱은 하나님께서 자신을 찾아오셨다는 것을 알게 되었다. 허벅지 관절이 어긋나고 힘도 많이 빠진 상태였지만 야곱은 하나님을 더 거세게 붙잡았다.

하나님께서 "날이 새려 하니 나로 가게 하라"고 소리치자 야곱은 "당신이 내게 축복하지 아니하면 가게 하지 아니하겠나이다"창 32:26라고 대답했다. 야곱은 끝까지 하나님께 달라붙어서 하나님의 축복을 간절히 원했다. 바로 곁에 계신 하나님께 복을 구했던 것이다. 하나님은 사랑하는 마음으로 그런 야곱을 바라보셨다.

야곱은 하나님께 복을 받을 수 있는 소중한 기회를 결코 놓치지 않았다. 그 결과, 야곱은 무엇과도 비교할 수 없는 엄청난 축복을 받았다. 하나님께서 야곱에게 새 이름을 부여하신 것이다. 야곱은 이제 완전히 새로운 본성을 지닌 존재로 다시 태어났다.

예수님은 충동적이고 실수도 잦았던 제자에게 "네가 요한의 아들 시몬이니 장차 게바라 하리라"요 1:42고 말씀하신 바 있다. 게바는 견고하고 안정적인 '베드로바위'라는 뜻이다. 예수님께서 바꿔주신 이름대로 연약하고 불안했던 시몬은 단호하고 믿음직한 베드로로 변화되었다.

마찬가지로 하나님은 야곱에게 "네 이름을 다시는 야곱이라 부를 것이 아니요 이스라엘이라 부를 것이니"창 32:28라고 말씀하셨다. '야곱'은 속임수에 능하고 남의 자리를 빼앗는 사람이라는 뜻이지만, '이스라엘'은 '하나님의 왕자'라는 뜻과 '하나님과 겨루어 이기고 사람과 겨루어 이겼다'는 의미가 담겨 있었다.

역사상 야곱이 받은 축복보다 더 크고 귀한 복이 또 있을까! 아무리 세상에 좋은 이름이 많다고 하지만 하나님께서 손수 지으신 '이스라엘'만큼 위대하고 영광스러운 이름은 두 번 다시 없을 것이다.

야곱이 최고의 축복을 받을 수 있었던 이유는 기회를 제대로 잡았기 때문이다. 그는 하나님이 가까이 계실 때 하나님을 놓치지 않았고, 용기가 바닥나고 미래가 절망적일 때도 하나님을 끝까지 신뢰했다. 힘들고 기운이 쇠해도 하나님을 붙잡고 축복을 구했다.

고난의 사람 욥은 "비록 하나님께서 나를 죽이실지라도 나는 그를 신뢰할 것이다"욥 13:15라고 말했고, 다니엘의 세 친구는 바벨론 감옥에서 "하나님께서 우리를 풀무 불에서 살려주지 않으셔도 우리는 하나님을 거역하지 않을 것이다"단 3:18라고 결심했다.

이름이 바뀐 뒤에도 야곱의 인생에는 여전히 힘들고 실망스럽고 궁핍한 때가 찾아왔다. 자식들이 말썽을 일으킨 적도 있었고, 사랑했던 아들 요셉과 사별한 줄 알고 깊은 슬픔에 빠지기도 했으며, 막내아들 베냐민이 애굽에 인질로 잡혀간 일도 있었다.

이처럼 야곱은 세상을 떠날 때까지 여러 가지 인생의 짐과 근심을 안고 살아야 했지만 하나님의 말씀은 해가 갈수록 점점 크게 다가왔고 그의 영혼은 온화하고 거룩하게 변화되어 갔다. 하나님의 사랑에 대한 기억이 나날이 충만해진 야곱은 복된 미래를 꿈꾸며 하루하루를 살아갔다.

그 결과, 야곱은 애굽에서 인생을 마감할 즈음 당당하게 "내 조부 아브라함과 아버지 이삭이 섬기던 하나님, 나의 출생으로부터 지금까지 나를 기르신 하나님, 나를 모든 환난에서 건지신 여호와의 사자께서 이 아이들에게 복을 주시오며 이들로 내 이름과 내 조상 아브라함과 이삭의 이름으로 칭하게 하시오며 이들이 세상에서 번식되게 하시기를 원하나이다" 창 48:15-16라고 말할 수 있었다.

마지막까지 '하나님의 사람'으로 남았던 야곱은 아들 요셉에게 자신이 죽으면 고향인 가나안으로 돌아가 장례를 치러 달라고 했다. 야곱은 태어날 때 남들보다 월등하지도 않았고 환경이 그다지 좋지도 않았지만 마침내 인생의 승리자가 될 수 있었다. 모든 면에서 완벽한 인간이 되었다는 것이 아니라 사람들에게 믿음의 귀감이 되고 하나님의 사람으로 기억될 만큼 성공적인 인생을 살았다는 말이다. 이 모든 건 야곱이 자신에게 찾아온 소중한 기회를 제대로 붙잡았기 때문에 가능한 일이었다.

우리는 하나님의 말씀이 살아 있는 곳, 거룩한 사람들이 모이는 곳, 성령이 역사하시는 곳으로 가서 머물러야 한다. 그곳에서 가까이 오라는 하나님의 말씀에 순종해야 한다. 이처럼 하나님은 우리에게 특별한 시간을 허락하셔서 우리로 하여금 당신의 뜻을 깨닫게 하시고 약속의 말씀도 계시하신다. 이 시간은 그 무엇과도 바꿀 수 없을 만큼 소중한 기회다.

하나님은 '더 나은(better)' 기회가 아닌 '최고의(best)' 기회를 제공하신다. 이 최고의 기회를 제대로만 붙잡는다면 우리의 존재와 본성이 변화되고 연약한 자가 강력한 '하나님의 사람'이 될 수 있을 것이다.

셋째 주일 저녁 독서토론 모임

주제 토론
◆ 주제 토론은 두 사람씩 짝이 되어 1:1 토론으로 진행합니다.

솔로몬은 지식과 부와 명예와 지혜를 겸비한 지대한 영향력을 지닌 사람이었고, 그 누구보다 하나님을 사랑한 사람이었습니다. 그런 그가 세월이 흐르면서 어리석은 자가 되고 죄악을 저지르게 된 이유는 무엇이었을까요? 솔로몬의 이야기를 보면서 삶에서 가장 중요한 것은 무엇이라고 생각하는지 토론해 보세요.

속임수에 능하고 돈과 재산을 중요하게 여겼던 야곱이 변해서 마지막까지 '하나님의 사람'으로 남을 수 있었던 이유는 무엇이었을까요? 연약한 죄인인 당신이 '하나님의 사람'으로 살아가기 위해서는 어떻게 해야 하는지 토론해 보세요.

찬반 토론

◆ 주어진 논제에 대해 찬성과 반대로 편을 나누고, 그렇게 주장하는 이유를 타당한 근거를 들어 토론합니다.

재물과 지식과 명예와 지혜 중에 가장 중요한 것은 '지혜'이다.

찬성 : 그렇다. 그 이유는

반대 : 그렇지 않다. 그 이유는

토론 소감

◆ 토론하면서 느낀 점이나 깨달은 점을 한 사람씩 이야기해 보세요.
◆ 이야기한 내용을 정리해서 글로 적어보세요.

🏠 가족회의
◆ 오늘 가족회의의 안건과 결정된 내용을 적어보세요.

안건:

결정:

💜 중보기도
◆ 가족 모두 각자의 기도제목을 나누고, 서로를 위해서 기도해줍니다.

우리 가족	기도 제목

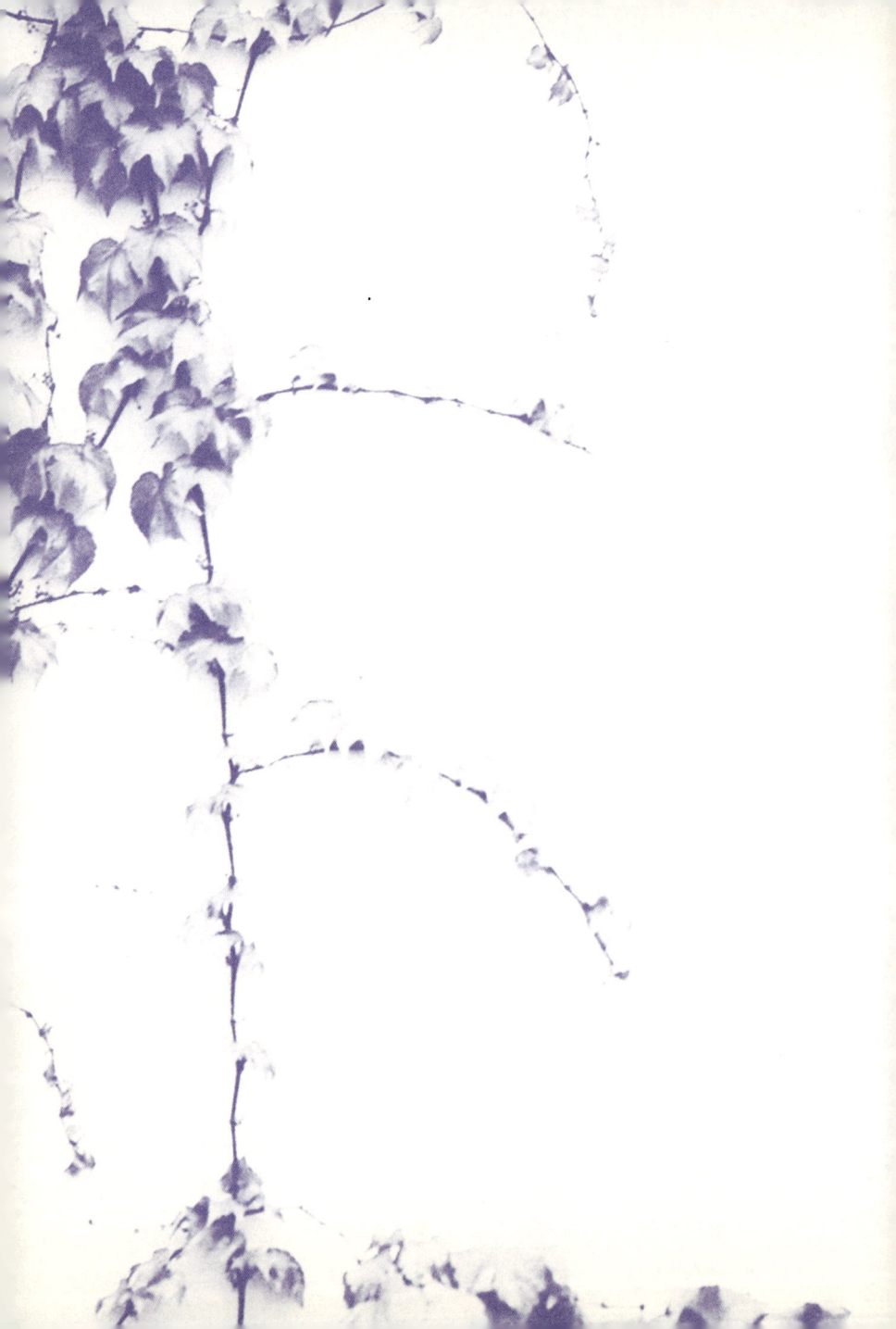

4부
가장 소중한 가치를 소유하다

8장 엘리야, 가장 소중한 가치를 전하다
9장 요나단, 최고의 가치를 소유하다

사랑하는 마음을 지닌 사람은 세상에서 가장 아름답고 귀한 가치를 소유한 사람이다. 아무리 돈이 많아도 마음이 넉넉하지 못하면 궁핍한 사람이고, 가난하더라도 마음이 기쁘고 담대하면 풍요로운 사람이다.

8장 엘리야, 가장 소중한 가치를 전하다

가장 소중한 가치를 영원히 지속시키는 일은 매우 중요하다. 가장 소중한 가치를 이어가려면 우선 누군가가 그 가치를 품고 있어야 하고 죽어서도 영원히 이어지길 바라는 마음이 있어야 한다. 만일 어떤 사람이 소중한 생각이나 사상을 지닌 채 세상이 좀 더 좋은 곳이 되기를 바란다면, 자신의 소중한 가치를 다른 사람에게 전해서 세상이 풍요로운 곳으로 변하길 바랄 것이다.

엘리야가 바로 그런 사람들 가운데 하나였다. 엘리야는 이스라엘 사람들이 우상에 빠져 타락했던 시대에 등장한 인물이다. 당시 이스라엘에서는 음란한 신이었던 바알의 선지자들이 위세를 떨쳤고 여기저기서 온갖 악행들이 벌어지고 있었다.

우상의 영향력은 이스라엘의 왕궁까지 들이닥쳐 아합 왕과 이세벨 왕비마저 악행을 저질렀다.

상황이 이렇다 보니 엘리야는 백성들의 죄를 단호하게 꾸짖어야 했고, 바알 선지자들에게 맞서서 그들의 신이 감히 하나님의 적수가 될 수 없다는 걸 보여주어야 했다. 왕과 왕비에게는 악행을 멈추지 않으면 하나님의 분노를 사게 될 것이라고 경고해야만 했다.

그러나 이 모든 일은 결코 쉽지 않았다. 강한 용기와 불굴의 인내심, 단호한 목적의식이 없으면 감당하기 어려운 일이었다. 이스라엘을 깨우치는 일이 중요했기 때문에 목숨까지 걸고 사명을 감당한 것이지 그렇지 않다면 그가 이 일을 감당할 이유가 전혀 없었다. 엘리야는 사람들로부터 미움을 당할 게 뻔했다. 누구의 도움 없이 홀로 투쟁하게 될 것이고, 사실상 희망도 보이지 않았다.

이처럼 어려운 일이었지만 엘리야는 그 일을 하기로 마음먹었다. 이스라엘 백성들이 바알을 숭배하고 악행을 저지르면서 고국 이스라엘은 점점 타락의 늪으로 빠져들었다. 그는 나라와 민족을 사랑하는 사람으로서, 또 하나님의 선한 종으로서 이 사태를 바로잡기 위해 무슨 일이든 해야만 했다. 일개 농부부터 저 왕궁에 사는 왕까지 모든 사람들의 마음속에 진실하고 거룩한 진리를 심어야 했다.

그래서 엘리야는 이스라엘 백성들에게 열심히 하나님의 뜻을 가르쳤고, 갈멜 산에서는 하나님의 임재를 구했다. 또 우상숭배에 빠진 아합 왕과 왕비 이세벨을 단호하게 꾸짖었다. 그는 평생을 사람들에게 가장 소중한 가치를 전하기 위해 최선을 다했다.

하지만 엘리야도 이 세상에서 영원히 살 수는 없었다. 언젠가 적의 손에 죽임을 당할 수도 있고 병들어 세상을 떠날지도 모르는 일이었다. 그래서 엘리야는 자신의 뒤를 이어 하나님의 사명을 감당할 만한 사람을 찾기 시작했다.

그때 엘리야의 마음이 한 사람에게로 향했는데 그는 비범한 영적 능력을 타고난 젊은이, 바로 엘리사였다. 엘리야는 자신이 소중하게 여겼던 생각과 원칙들을 엘리사에게 전하기로 마음먹고 그를 찾아갔다. 엘리사는 열두 겨릿소로 밭을 갈 만큼 혈기 왕성한 청년이었다.

엘리야는 특별한 겉옷을 걸치고 있었는데, 그 옷은 하나님의 진리를 선포하고 이스라엘을 옳은 길로 인도하는 사명을 상징했다. 엘리사를 본 엘리야가 겉옷을 벗어 어깨에 걸쳐주었는데, 이는 엘리사에게 자신의 사명을 전수하겠다는 의미였다. 엘리야의 행위가 무슨 뜻인지 깨달은 엘리사는 그 자리에서 엘리야의 제자가 되겠다고 화답했다.

성경에 나오는 두 사람의 이야기에서 짧은 문장 하나가 눈에 들어온다. "두 사람이 함께 길을 떠났다."왕하 2:6, 표준새번역 이 문장은 엘리야가 세상을 떠나기 전까지 두 사람의 관계가 어땠는지를 함축적으로 보여주는데, 이는 두 사람이 늘 함께하면서 함께 이야기하고 함께 생각하며 함께 기도했다는 것을 의미한다.

엘리야는 조금씩 엘리사에게 어떤 인생을 살아야 하는지, 이스라엘의 회복을 위해 어떻게 해야 하는지 자신의 신앙과 열정을 전수했다.

그렇게 세월이 흘러 엘리사도 이제 자신의 사명을 감당할 준비가 되었고, 이스라엘의 회복에 필요한 선견지명과 지혜를 갖추었다. 엘리야의 삶에 녹아 있던 가장 소중한 가치가 엘리사에게 그대로 이어진 것이다.

다른 사람들에게 가장 소중한 가치를 전하는 인생은 아름답다. 소중한 가치를 전해 받은 사람도 축복받은 인생이다. 엘리야가 엘리사의 어깨에 겉옷을 걸쳤다고 해서 엘리사가 곧바로 영향력 있는 사람이 되는 것은 아니다. 엘리야가 엘리사에게 특별한 관심을 갖고 자신의 이상과 신앙을 가르치고 전수했기 때문에 엘리사가 어두운 시대에 밝은 빛이 될 수 있었던 것이다.

바울과 그의 아들 디모데도 마찬가지다. 디모데는 재능도 뛰어나고 사고방식도 건전한 젊은이였다. 그럼에도 바울은 디모데에게 특별히 신경을 써야 했는데, 자신이 감당하던 그리스도의 복음 사역을 지속시켜야 하는 사명 때문이었다.

바울은 디모데를 예수 그리스도의 진리를 대변할 수 있는 훌륭한 지도자로 훈련시켰다. 하지만 제아무리 뛰어난 사람이라도 자신의 재능을 사용하는 데 주저하는 순간이 있다. 엘리사와 디모데도 마찬가지였다. 그들에게는 격려와 용기가 필요했으며 한편으로는 강한 책임감을 가지고 영적으로 무장해야만 했다.

스코틀랜드의 종교개혁가 존 녹스John Knox도 비슷한 상황에 처했었는데, 그는 인간적인 생각으로는, 예수 그리스도의 진리와 종교의 자유를 옹호하는 사람으로 나서는 것이 두려웠다. 그래서 자기 어깨에 손을 얹고 스스로에게 말했다. "넌 네 안에 좋은 능력을 갖고 있어. 그것을 하나님과 스코틀랜드를 위해 사용하자."

자신의 소중한 가치를 전하다 보면 가끔 타인에게서 놀라운 재능이 발견되기도 한다. 우리는 다른 사람에게 어떤 능력이 잠재되어 있는지 잘 모르지만 전혀 가망이 없어 보이던 사람도 어느 날 놀라운 재능이 발견되어 세상에 유익한 사람이 되기도 한다.

어떤 학생은 선생님과 친구들의 헌신과 영감으로 재능을 발견해 학교의 이름을 빛내기도 하며, 죄를 짓고 소년원에 간 아이들 역시 봉사자들의 애정 어린 손길 덕분에 어엿한 시민으로 자라난다. 그래서 소년원 출신 아이가 그 도시에서 유력한 사람이 되거나 지방에 넓은 토지를 소유한 부자가 되는 경우도 있다.

뉴욕의 길거리를 배회하던 한 소년은 미국 서부 지역에 보내져 어느 농부의 하인으로 일하게 되었다. 소년은 자신이 관리하는 일에 특별한 재능이 있다는 사실을 알았고, 어른이 되어 알래스카의 주지사로 임명되었다. 영국의 화학자 험프리 데이비 경Sir Humphry Davy은 이런 말을 남겼다. "나는 지금까지 많은 것을 발견했지만, 내 생의 최고의 발견은 과학자 마이클 패러데이Michael Faraday를 발견한 것이다."

이처럼 자기가 가르치거나 돌보는 사람에게서 엄청난 재능을 발견하는 것만큼 보람찬 일도 없다. 재능을 발견해준 스승은 세상에서 잊혀지지만 재능을 가진 제자가 세상이라는 무대에 오르는 것을 흐뭇하게 바라본다.

하나님도 호렙산에서 모세를 가르치신 후 모세가 애굽에서 최고의 리더십을 발휘하는 모습을 흐뭇하게 바라보셨을 것이다. 또한 하나님이 바울에게 부족했던 사랑과 관용과 겸손을 가르치신 후에 바울의 놀라운 사역을 바라보며 보람을 느끼셨을 것이다.

스승 엘리사 역시 제자인 엘리사가 세상이라는 무대에서 정의를 위해 싸우는 모습을 보며 기쁨을 느꼈을 것이다. 자신이 품고 있던 가장 소중한 가치를 누군가에게 베풀었을 때 그 사람은 더욱 빛나는 삶을 살게 되고, 소중한 가치가 보다 널리 퍼져 나간다면 그보다 더 기쁘고 보람된 일이 어디 있겠는가!

최고의 가치가 전해지면 한 개인만 변하는 것이 아니라 변화된 개인으로 인해 세상이 변하게 된다. 엘리야는 엘리사 한 사람만 변화시킨 것이 아니라 엘리사를 새로운 영향력을 갖춘 사람이 되게 했다.

다만, 두 사람의 영향력 모두 정의롭고 견실하고 유익했지만 영향력을 행사하는 방식이나 성격은 매우 달랐다. 엘리야가 악을 파괴하는 데 탁월할 사람이었다면, 엘리사는 선을 북돋우는 데 뛰어난 사람이었다. 엘리야는 사역 초기에 수년 동안 이스라엘 땅에 비와 이슬이 내리지 않을 거라고 예언했지만, 엘리사는 이스라엘이 생명이 가득한 풍족한 땅으로 변할 것이라고 예언했다.

두 사람 모두 근본적인 목적이 같았고 담대했으며 사람이 두려워 맡은 사명을 내팽개치지 않았지만 그들의 기질과 성정은 확연히 달랐다. 엘리야는 자신의 소중한 가치를 엘리사에게 그대로 전해 주었고, 엘리사는 자기 방식대로 그 가치를 재창조했다. 즉, 엘리사는 엘리야에게 전수받은 가치를 새로운 시대가 요구하는 것에 맞게 새로운 모습으로 바꾸었던 것이다.

엘리야는 현역 시절 죄악에 빠진 이스라엘 백성들을 엄하게 꾸짖고 비판한 반면, 엘리사는 엘리야의 비판으로 상처 입은 백성들을 치유하는 역할을 감당했다. 엘리야가 거침없이 이스라엘의 실상을 폭로한 전투적인 선동가라면 엘리사는 넓은 마음으로 이스라엘을 끌어안은 따뜻한 교사였다.

엘리야와 엘리사는 각자 자기 시대에 자신의 위치에서 최선을 다했다. 다만, 각자의 기질과 시대의 필요에 따라 사역하는 방법과 가치를 표현하는 방식이 달랐을 뿐이다.

부모가 자녀에게, 교사가 학생에게, 친구가 친구에게 자신의 모습을 그대로 복제하는 건 불가능하다. 공장에서는 똑같은 제품을 생산할 수 있지만, 부모에게서 부모와 똑같은 자녀가 나올 수 없고 교사에게서 교사와 똑같은 학생이 나올 수 없다.

이것이 하나님의 창조 법칙이다. 두 사람이 항상 같은 활동을 할 수는 없다. 같은 활동을 한다 하더라도 모든 일을 똑같이 처리하지는 않는다. 근본적인 동기는 같아도 성향이 다르면 각자 다른 방식으로 일을 수행하게 된다. 다른 사람의 뒤를 따라 완전히 같아지려고 하는 사람은 개인적으로 발전하지도 못하고 아무런 유익도 얻지 못한다.

엘리야는 엘리사가 살아갈 시대의 사회 환경이 어떤 모습일지 알 수 없었다. 엘리사의 시대에는 엘리야 때와 달리 '공동체의 회복'이 가장 중요한 문제였다. 따라서 엘리야가 할 수 있는 일은 가장 소중한 가치를 엘리사에게 전하고 엘리사가 새로운 시대와 환경 속에서 그 가치를 많은 사람에게 전할 수 있도록 격려하는 것이었다.

당대의 뛰어난 인물이 과업을 이루지 못하고 후대에 이르러 완성되는 경우가 있는데, 이는 후손이 선조보다 능력이 뛰어나서가 아니라 각자 자기 시대에 맞는 역할을 감당하기 때문이다. 역사상 모든 일은 이렇게 이루어졌다.

우리가 맡은 과업도 이전 세대에게서 물려받은 것이다. 또한 이제까지는 강조되지 않았지만 현 시대에 강조해야 할 사상이나 생각들이 존재할 수도 있다. 이처럼 대를 이어온 과업을 완성하고 현시대에 필요한 새로운 생각을 전하기 위해서는 이에 걸맞은 새로운 사람들이 필요하다.

새로운 세대가 등장하려면 이전 세대가 다음 세대에게 시대적 책임감을 갖고 하나님과 사람들을 섬길 수 있도록 격려하고 도와주어야 한다. 그런 다음 그들만의 방식으로 주어진 일을 감당할 수 있도록 더 이상 간섭하지 말아야 한다. 이것이 모두에게 축복이다.

가장 소중한 가치를 타인에게 직접적으로 전하는 경우도 있는데, 특히 자녀를 둔 부모는 자신과 자녀들을 위해 큰 책임감을 갖고 사명에 임한다. 부모만큼 자녀에게 직접적으로 영향을 미칠 수 있는 사람도 없고, 영향을 미쳐야 하는 사람도 없다. 자녀는 학교 교사나 교회의 목사로부터 일시적으로 영향을 받을 수는 있지만, 자녀에게 가장 큰 영향을 주는 사람은 역시 부모다.

부모는 자녀에게 인생을 살아가는 방법과 추구해야 할 가치 등을 하나하나씩 가르쳐야 하는데, 자녀에게 교훈을 효과적으로 전하려면 나름대로 기술이 필요하다. 자녀의 마음속에 숨어 있는 해로운 생각들을 제거하고 최고의 가치와 미덕을 심어주어야 한다. 이는 어두운 방에 밝은 빛을 비추는 것처럼 자녀에게 희망과 기쁨을 안겨주는 과정이다. 이 과정에서 부모는 절대 자기 생각을 자녀에게 강제로 주입하거나 고통을 주어서는 안 된다.

자녀가 세상을 이롭게 하는 사람으로 성장하는 것이 부모에게는 가장 큰 소망이자 보상이다. 새로운 세대에게는 수만 가지 영역에서 기회가 펼쳐져 있는데, 자녀는 가정에서 부모에게 전수받은 소중한 가치를 품고 자신만의 분야로 들어서게 된다. 자신이 하고 있는 일을 자녀도 이어서 하길 바라는 부모도 있다. 가령, 목회를 하는 아버지는 아들이 신학교에 들어가는 걸 보고 흐뭇해한다. 물론, 자녀가 다른 분야에서 능력을 발휘하는 걸 지켜보면서 자랑스러워하는 목회자들도 있다

다음 세대에 가장 소중한 가치를 전수하는 기회는 대부분 부모에게 주어진다. 그래서 사람들은 자신이 잘 성장한 것에 대해 누구보다 부모에게 감사해한다 그러나 부모가 아닌 다른 사람도 다음 세대에게 소중한 가치를 전할 수 있는데 예를 들면, 학교 교사에게도 그 기회가 주어진다.

이런 교사에게는 아직 가능성이 많고 무엇이든 잘 습득하는 어린 학생들이 있는데, 그들은 교사에게 "선생님, 저는 선생님께 배우러 왔습니다. 제가 세상을 어떻게 바라보고, 사회 안에서 어떻게 생각하고 행동하는 게 바람직한지, 그리고 저의 역할을 어떻게 하면 잘 감당할 수 있는지 가르쳐 주세요."라고 말한다. 이런 경우 교사들은 학생을 가르칠 수 있는 기회를 매우 귀하게 여긴다.

엘리야가 엘리사에게 겉옷을 걸쳐주었을 때 교사와 같은 심

정을 갖지 않았을까? 가르치는 기회를 소중히 여기는 교사는 나중에 놀라운 결과를 가져온다. 즉, 그가 학생들에게 인생의 가치와 세상을 살아가는 방법과 원칙 등을 가르치면, 가르침을 받은 학생들이 장차 사회에 나가 큰 일꾼이 되는 것이다.

학생들은 그 당시에는 교사가 무슨 말을 했었는지 자세히 기억하지는 못할지라도 교사가 전하고자 했던 소중한 가치를 세상 속에서 이루기 위해 노력할 것이다.

부모와 교사에게만 값진 기회가 주어지는가? 친구, 교장선생님, 직장 상사, 신문 기자, 작가, 강연자, 설교자도 동일한 목적을 지닌 사람들이다. 이들은 자라나는 다음 세대에게 위대한 생각과 원칙을 전해주고 큰 이상과 꿈을 심어준다. 소중한 가치를 함께 나누면서 그것이 두 배, 네 배, 백배로 커지리라 소망하는 것이다. 이를 위해 그들은 기도하고, 돈을 투자하고, 상담하고, 글을 쓰고, 노래하고, 설교하고, 일을 하고 심지어 목숨까지 내놓는다.

이처럼 다음 세대에게 최고의 가치를 전하려고 노력하는 사람들이야말로 자기 분야에서 선지자와 사도와 순교자의 역할을 감당하는 것이 아닐까? 이들은 하나님께 선택받은 특별한 사람들이다.

그런가 하면 다음 세대에게 간접적으로 영향을 미치는 사람들도 있는데, 이 경우 백 마디 말보다 한 사람의 인격이 더 강력한 힘을 발휘하기도 한다. 이 과정에서 정작 당사자는 의식하지 못하지만 그 사람의 존재 자체가 세상에 선한 영향력을 미치게 된다. 자신의 말과 행동을 누가 지켜보고 있는지는 모르지만 세상에 옳고 그름의 기준을 제시하고 있는데, 이런 사람은 시간을 잘못 가리키는 세상의 시계를 바로잡아 주는 일종의 조절 장치와도 같다.

세상이 좀 더 아름다운 곳이 되기를 바라며 자기 분야에서 묵묵히 가치를 실현하는 사람의 인생은 참으로 보배롭다. 이러한 인생은 결코 헛되지 않다. 누군가는 꼭 그 사람의 도움을 받게 될 것이고, 언젠가는 도움을 받아 감사했다고 고백하는 날이 올 것이다.

내가 다니는 교회에 농부의 아들이 한 명 있었는데, 그 청년은 교회에서 약 2마일 정도 떨어진 마을에 살고 있었다. 그 마을에 사는 청년 또래의 많은 젊은이들은 대부분 경솔하고 이기적이며 성미가 급했고, 그 청년의 아버지도 그다지 신앙에 열정적인 편이 아니었다. 그래서 청년은 마을의 이웃들과 가족에게 주님의 선한 영향력을 미치는 사람이 되고 싶었다.

이를 위해 그는 매일 말씀을 묵상하고 하나님께 간절히 기도

하며 기쁨으로 찬양을 올렸다. 비록 환경은 좋지 못했지만 청년은 바라던 목적을 이루기 위해 묵묵히 최선을 다하며 가정과 마을과 교회에서 가족과 이웃을 열심히 섬겼다.

그러던 어느 날, 그는 자신이 알고 있는 농사 기술을 활용할 기회를 찾다가 인디언 보호 구역에 있는 학교를 찾아갔다. 그곳에서 농장 관리자로 일하면서 인디언 학생들에게 농사 기술을 알려주고 싶었다. 그는 급여를 거의 받지 않았고 인디언들과 함께 일하면서 지냈다.

청년은 자신의 말과 행동과 생각을 통해 인디언들에게 소중한 가치를 심어주었다. 일가친척도 없는 먼 타지에서 평생을 살다가 세상을 떠났지만 그 청년의 정신은 결코 사라지지 않았다. 청년에게 영향을 받은 사람들의 마음속에 그가 몸소 보여준 아름다운 가치가 여전히 살아 숨 쉬고 있었다. 작은 불꽃 하나가 큰 불을 일으키듯이 청년을 통해 주님의 사랑이 그들 속에 빠르게 번져 나갔다.

프랑스의 화학자 파스퇴르Pasteur는 어린 시절에 살았던 집에 기념패를 하나 만들어 놓았는데, 거기에 적힌 글이 많은 이들에게 공감을 불러일으켰다.

"이 작은 집에서 소박하게 살아가셨던 우리 아버지 어머니. 저는 평생을 부모님께 빚진 사람입니다. 어머니의 열정은 제 삶의 원동력이 되었고, 아버지의 성실함은 제게 끈기와 인내를 가르쳐 주었습니다. 제가 지금 열심히 살아가는 이유는 모두 부모님께 진 빚을 갚기 위해서입니다."

9장 요나단, 최고의 가치를 소유하다

 인간이 소유할 수 있는 최고의 가치는 무엇일까? 사람들은 대부분 이 질문에 부나 명예나 권력이라고 대답하지만 지혜로운 사람들은 그것들이 꼭 행복을 보장하는 건 아니라는 사실을 잘 안다. 그들은 이보다 더 좋은 가치를 소유해야 한다고 주장하면서, 뛰어난 언변이나 지식이나 도덕적 품행 등이 우리가 소유해야 할 최고의 가치라고 말한다.

 그러나 성경은 이것들 역시 최고의 가치로 보지 않는다. 성경이 말하는 최고의 가치는 우리를 행복하게 만들어주고 거룩한 삶을 살 수 있게 해주는데, 그것은 바로 '사랑'이다. 인간은 최고의 가치인 사랑, 즉 진실하고 순수하며 영원한 사랑을 소유할 수 있다.

사랑과 관련해 요나단은 우리에게 많은 깨달음을 주는 인물이다. 얼핏 보면 요나단의 인생은 주인공의 빛에 가려진 조연에 불과한 것 같지만, 좀 더 깊이 살펴보면 암울하고 비참하게 살았던 사울이나 다윗과는 달리 빛나는 인생을 살아간 인물이라는 사실을 알 수 있다.

요나단은 예수님을 제외하고는 성경에서 가장 헌신적인 인물로 그려진다. 가장 소중한 가치를 소유하고 싶다면 요나단을 주의 깊게 살펴보면 된다. 요나단은 해처럼 밝은 마음을 가졌고 보석처럼 순결하게 살았으며 십자가처럼 영광스러운 죽음을 맞이했다.

힘과 기술을 겸비한 용사였던 요나단은 이스라엘에서 창던지기와 활쏘기를 잘하는 사람으로 유명했다. 요나단은 누구보다도 용감한 사람이었는데 자기 무기를 관리하는 부하 한 명만 데리고 믹마스에 있는 블레셋 주둔군을 치러 갈 정도였다. 두 사람은 스무 명 정도의 적군을 죽였고, 혼비백산한 나머지 적군들은 그 자리에서 모두 달아났다.

요나단은 또한 자기 절제력이 강한 사람이었다. 한 번은 전쟁 중 아버지의 명령을 듣지 못해 벌집에 있는 꿀을 찍어 먹은 적이 있었다. 이 일 때문에 요나단은 사울 앞에 끌려갔는데, 그 자리에서 요나단은 죽음을 의연하게 받아들였다. 부하들이 사울에게 처벌을 거두어 달라고 호소해 다행히 목숨은 건졌지만 그때까지도 요나단의 마음은 흔들리지 않았다.

요나단은 전혀 심약한 사람이 아니었다. 위험한 상황을 앞두고도 병사들이 요나단을 따를 만큼 그는 강인한 전사였고 병사들의 사기를 높일 줄 아는 지도자였다. "당신의 마음에 있는 대로 다 행하여 앞서 가소서 내가 당신과 마음을 같이 하여 따르리이다" 삼상 14:7

전쟁터뿐 아니라 왕궁에서도 요나단은 신뢰감을 주는 사람이었는데, 아버지 사울 왕은 아들 요나단을 믿음직스럽게 여겨 사소한 고민도 털어놓을 정도였다. 성경에서는 그를 "독수리보다 빠르고 사자보다 강하였도다" 삼하 1:23 라고 표현한다.

이스라엘 백성들은 이 용감하고 지혜로운 아들이 아버지의 뒤를 이어 왕위에 오를 날만 고대했을지도 모른다. 전쟁 중에 요나단의 이름만 들어도 적군은 공포에 떨었으니 말이다.

요나단은 강한 힘과 총명한 지혜와 매력적인 인성을 소유한 사람이었지만 무엇보다 사랑이 가득한 사람이었다. 그는 바울이 사랑에 대해 묘사한 고린도전서 13장을 읽었거나 예수님의 헌신적인 사랑과 복음이 빚어낸 아름다운 사랑 이야기에 대해서도 알리가 없었다.

오히려 그는 갈등과 혼란과 유혈이 낭자한 시대를 살아간 인물이었다. 그럼에도 마음은 '타인을 위해 목숨까지 내놓는' 사랑으로 가득했다. 요나단이 소유한 최고의 가치는 바로 '사랑'이었다.

골리앗을 무찌른 다윗이 골리앗의 머리를 들고 사울 앞에 섰을 때 요나단의 마음은 어떠했을까? 여기서도 우리는 요나단의 사랑이 얼마나 큰지 알 수 있는데, 그때 모든 사람의 시선이 사울 왕의 아들 요나단에게서 이름도 모르는 애송이에게로 옮겨 갔다. 그 전까지만 해도 요나단이 나라의 영웅이었지만, 이제는 다윗이 어딜 가든 주목을 받게 되었다.

명예를 다윗에게 빼앗긴 요나단의 마음은 어땠을까? 대중의 인기를 되찾기 위해 새로운 경쟁자를 업신여겼을까? 아니면 다윗이 전쟁에 나가 공을 세우지 못하도록 아버지 이새에게 돌려보냈을까? 어쩌면 요나단이 경쟁자 다윗을 시기하고 질투하는 게 '당연한' 일일 수도 있다.

사람들은 으레 경쟁자가 등장하면 눈앞에서 제거하려고 한다. 사업을 하거나 운동 경기를 할 때도 우리는 다른 사람이 나보다 뛰어난 걸 좋아하지 않는다. 한 번 인기를 얻은 사람은 인기를 잃고 싶어 하지 않을 정도로 인기는 달콤하다. 내가 받던 박수갈채가 다른 사람에게로 옮겨지면 영혼이 공허해지고, 내가 받고 싶었던 찬사를 다른 사람이 받으면 마음이 쓰리다.

자기가 받던 인정을 다른 사람에게 빼앗기면 어느새 상대방을 질투하고 있는 자신을 발견하게 된다.

다른 사람만큼 자신은 칭찬을 듣지 못한다고 불행해하는 사람들이 얼마나 많은가! 다른 사람이 자기 자리를 침범할까 봐 불안해하는 사람들은 또 얼마나 많은가! 그렇지만 요나단은 다윗이 목초지보다 왕궁에 머무르는 게 훨씬 잘 어울린다고 생각했다.

다윗이 주목받는 상황임에도 요나단은 다윗에게 호감을 가졌다. 요나단과 다윗의 우정이 싹트기 시작했고 요나단은 다윗을 진정한 친구로 생각했다. 다윗의 관심사는 곧 요나단의 관심사가 되었고, 그는 진심으로 다윗이 성공하길 빌었다. 다윗이 주위에서 칭찬을 받으면 요나단도 마음이 흐뭇했다. 요나단은 다윗이 예루살렘의 중심부에 머무르면서 사람들에게 존경받고 나라를 위해 봉사할 새로운 기회도 얻길 바랐다.

그는 다윗에게 영원히 진정한 친구이자 조력자가 되겠다고 언약까지 맺으면서 언약의 진실성을 보여주기 위해 겉옷을 벗어서 다윗에게 주고 자기의 군복과 칼과 활과 띠도 건네주었다. 다윗이 군인으로서 성공하길 바라는 마음으로 최상의 무기를 다윗에게 아낌없이 넘겨준 것이다.

그렇게 그들의 우정이 시작되었다. 한쪽에서는 모든 것을

'내어주고' 다른 한쪽에서는 모든 것을 '받는' 우정이었다. 요나단과 다윗의 우정은 사랑이 무엇인지 분명히 보여준다. 성경은 항상 '요나단이 다윗을 사랑했다'고 말하면서 요나단을 향한 다윗의 사랑은 크게 강조하지 않는데, 다윗은 자신을 사랑해주며 끊임없이 도와주는 요나단에게 늘 고마워했다.

어느 시인은 '내가 호의를 베풀 수 있기 때문에 그를 친구라 부른다.'고 말했다. 상대에게 혼신의 힘을 쏟는 곳에만 사랑과 우정이 존재하는 것이다. 영국의 유명한 화가 윌리엄 터너 William Turner는 사랑의 전형적인 예를 보여주었다. 그가 런던 전시회 위원회에 참석했을 때였다. 전시회 벽에 그림을 모두 걸어놓았는데 어떤 무명 화가의 작품이 뒤늦게 도착했다. 이때 터너가 "이 그림은 정말 뛰어난 작품입니다. 꼭 전시해야 합니다."라고 주장하자 사람들은 "안 됩니다. 이미 그림들이 꽉 차 있어요."라고 대답했다. 터너는 "그럼, 제가 자리를 하나 마련하죠."라고 하면서 자기 그림 중 하나를 벽에서 떼고 그 자리에 무명 화가의 새 그림을 걸었다.

요나단의 헌신은 다윗을 보호하려는 모습에서도 드러났다. 다윗은 목숨이 위태로운 상황이었다. 다윗의 인기를 시기한 사울이 다윗을 왕궁 밖으로 쫓아내려고 했고, 심지어 그를 죽이려고 했기 때문이다. 사울은 신하들에게도 자신이 원하는 바를 알렸고, 다윗은 빠져나갈 틈이 없었다.

이제 요나단은 어떻게 해야 할까? 모두가 다윗에게 등을 돌리고 있으니 요나단도 같이 등을 돌려야 하는 걸까? 다윗에게 호의를 보인다는 것은 왕의 뜻과 궁중의 여론에 저항하는 것이었다. 분위기가 그렇게 흘러가면 상대에 대한 관심도 미적지근해질 수밖에 없다.

사람들은 대중의 흐름에 거스르는 것은 무익한 짓이라고 생각하면서 운명이 다한 사람에게서 미련 없이 떠나버린다. 아무리 사랑하는 사람이라도 그가 목숨의 위협을 느끼면 그 사람을 멀리하는 게 당연하다. 모두에게 버림받은 사람을 두고 좋은 말을 한다는 게 얼마나 어려운 일인가! 주위 사람들이 의심하고 비난하는 분위기에서 용감하게 그 사람을 지지하는 건 여간 힘든 일이 아니다.

이러한 상황에서 요나단은 오히려 위험에 처한 이스라엘을 구한 죄밖에 없던 다윗에게 더 뜨거운 연민을 느꼈다. 요나단은 사울이 다윗을 죽이려는 사실을 알고 이를 다윗에게 알리고는 곧바로 몸을 피할 수 있도록 도와주었다. 그리고 사울에게 가서 다윗을 살려달라고 애원했다. 이는 상상도 못할 행동이었다.

종교개혁가 존 녹스도 스코틀랜드를 위해 여왕 메리 스튜어

트Mary Stuart에게 간청한 일이 있었다. 이때 여왕은 스코틀랜드의 종교 개혁에 불만을 품고 있었기 때문에 존 녹스의 말을 들으려 하지 않았다. 그러나 스코틀랜드를 사랑한 녹스는 종교 개혁이 꼭 이루어져야 한다고 생각했기 때문에 위험을 감수하고 여왕 앞에 나아가 탄원했다. 스코틀랜드가 고통을 받으니 차라리 자신이 죽는 게 낫다는 생각으로 여왕 앞에 용감히 나선 것이다.

사랑은 큰 대가를 치른다. 사랑하려면 편한 것을 포기해야 할 때도 있다. 욕을 먹을 수도 있고 특권을 빼앗길 수도 있고 세상의 조롱거리가 될 수도 있다. 그 대가로 요나단은 다윗을 안전하게 살릴 수 있었다.

시간이 흘러 요나단의 사랑은 더 미묘하고 어려운 시험을 받게 되었다. 점점 더 죄악을 일삼고 무능해졌던 사울은 자기보다 능력 있는 다윗을 미워했다. 그래서 가끔씩 이성을 잃고 다윗에게 미친 사람처럼 행동할 때도 있었고, 정신이 온전치 못할 때면 다윗을 죽이기로 결심하기도 했다.

그는 예전에 사무엘 선지자가 다윗에게 기름 부은 사실을 알고 있었기 때문에 언젠가는 다윗이 자기를 밀어내고 왕위에 오를 거라는 것을 알고 있었다. 사울의 마음은 시기와 분노로 불타올랐고, 다윗도 사울이 분을 품고 자신을 죽이려 한다는 사실을 알게 되었다. 이때 요나단은 위험을 무릅쓰고 아버지 사울이 정말로 다윗을 해칠 마음이 있는지 알아보았다.

요나단이 다윗을 옹호하는 모습을 보이자 사울의 분노가 폭발했다. 요나단에게 다윗과 한통속이냐며 화를 쏟아냈다. 그때 사울은 요나단을 자극할 목적으로 "네가 다윗 놈을 살려둔다면 내 아들이자 후계자인 너의 왕좌를 그 놈이 차지할 것이다! 다윗이 살아남아서 네 자리를 차지하는 꼴을 가만히 보고만 있을 생각이냐?"라고 말하면서 요나단의 시기심과 질투심을 자극했다. 요나단에게 가장 미묘한 부분을 건드린 것이다.

질투심은 굉장히 무서운 감정이다. 이 질투심 때문에 역사 속에서 비극적인 일이 수도 없이 일어났는데, 이때 질투를 유발한 사람뿐 아니라 질투하는 사람까지도 파멸에 이르렀다. 페르시아의 왕 캄비세스Cambyses는 동생 스메르디스Smerdis가 자기보다 활시위를 잘 당긴다고 해서 죽여 버렸다. 폭군 디오니시오스Dionysius는 음악가인 필로세니오스Philoxenius가 노래를 잘한다고 해서 죽였고, 철학자인 플라톤Plato은 논쟁을 좋아한다고 해서 처벌했다.

질투는 관용의 정반대이다. 관용이 기쁨의 근원이듯이 질투는 고통의 근원이다. 어느 시인이 비유한 것처럼 어두운 동굴 안에 사는 '질투'는 창백하고 초췌하며 수시로 곁눈질하고 울분에 차 있고 기쁨이 전혀 없다. 심지어 다른 사람이 불행할 때조차 불안해하고 고통스러워한다.

사울이 교묘하게 요나단의 질투심을 자극한 것도, 사람이라면 본능적으로 이 부분에 예민하다는 걸 잘 알고 있었기 때문이다. 자기보다 잘난 사람이 등장하는 것에 진심으로 환호하는 사람은 거의 없다. 그러나 요나단은 사울의 묘수에 넘어가지 않았고, 자기 목숨이 위험해져도 끝까지 다윗 편에 섰다. 이에 사울은 아들 요나단을 향해 창을 던져 하마터면 요나단은 그 자리에서 아버지 손에 목숨을 잃을 뻔했다.

그날 하루 종일 사울은 다윗에 대한 노여움이 사그라지지 않았지만 요나단은 왕좌를 놓고 자신과 다윗이 경쟁할 가능성을 완전히 없애버리기 위해 다윗을 찾아갔다. "너는 이스라엘 왕이 되고 나는 네 다음이 될 것을 내 아버지 사울도 안다"삼상 23:17 요나단은 이렇게 말하면서 두 사람뿐 아니라 두 집안 모두 사랑과 우정이 변치 않기를 바라며 다윗과 새로운 언약을 맺었다.

나는 세상에서 헌신적인 우정만큼 위대하고 아름다운 사랑은 없다고 믿는다. 우리는 '사랑'이라는 단어를 너무 자주 남용하다 보니 그 단어가 지니는 의미를 퇴색시키고 말았다. 그저 관심이나 동정, 호감이나 욕정 따위를 우리는 아무 생각 없이 사랑이라고 말하며 사랑을 가벼이 여기거나 심지어 더럽히기까지 한다.

관대하고 헌신적인 친구가 되어 주는 사람은 인격적으로 훌륭한 사람이다. 질투심을 이기고 참된 사랑을 소중히 여기는 사람, 친구를 위해 자기 소유를 내려놓을 수 있는 사람이 위대한 사람이다. 나보다 다른 사람이 잘 되길 바라며 헌신하는 사람이 많아지면 이 세상에 만연한 사회 문제도 금방 해결될 것이다.

사랑받는 사람뿐 아니라 사랑하는 사람도 행복해지는데, 사랑하면 기쁨이 넘치기 때문이다. 사랑은 고통스러운 것이 아니다. 사랑은 본질적으로 긍정적이고 건강하고 건전한 것이다. 사랑이 없다는 건 이기적이고 교만하고 무정하다는 것을 의미한다. 질투가 영혼의 가시나무라면 사랑은 싱그럽고 향긋한 영혼의 꽃이다. 사랑이라는 꽃향기는 우리에게 생기를 불어넣는다.

생명을 위해 기쁨과 고통도, 희망과 두려움도,
모두 내려놓는다.
헌신은 진짜 사랑이 무엇인지 배울 수 있는
소중한 기회이자 특권이다.

요나단은 죽을 때까지 다윗과의 우정을 저버리지 않았다. 그는 불가능해 보이는 일도 가능하게 만들었다. 서로 갈등 중인 두 사람 모두에게 신실한 사랑을 보여준 것이다.

그러나 요나단은 아버지 사울도 사랑했다. 요나단은 아버지가 정신적으로 많이 약해져서 상태가 점점 심각해져 간다는 것을 잘 알고 있었다. 아버지가 요나단을 향해 창을 던지고 그의 어머니까지 싸잡아 모욕하면서 분노를 터뜨릴 때는 요나단도 화를 내며 밖으로 나와 버렸다. 하지만 그것은 순간적인 감정이었다. 그는 곧 아버지에게 어떤 아들이 되어야 할지 생각하며 다시 아버지에게 돌아가 자식으로서 조력자 역할에 충실했고, 길보아 전투에서는 최후의 순간까지 아버지의 곁을 지켰다.

예수님은 세례 요한에 대해 이렇게 말씀하셨다. "여자가 낳은 자 중에 세례 요한보다 큰 이가 일어남이 없도다"마 11:11 요한은 자기 뒤에 오실 예수님을 시기하는 마음이 아닌 사랑하는 마음으로 기쁘게 맞이했다. 예수님은 당시 그 누구에게도 이런 말씀을 하시지 않았다. 요한의 본보기가 바로 요나단이었다. 즉, 요나단은 담대하고 추진력이 있으며 관대하고 겸손한 사랑을 소유한 사람이었다.

요나단이 전투 중 전사했다는 소식을 들은 다윗은 슬퍼하며 애가(哀歌)를 지어서 불렀는데, 이 애가는 오랜 세월 많은 사람들의 입에서 입으로 전해졌다.

"오호라 두 용사가 전쟁 중에 엎드러졌도다 요나단이 네 산 위에서 죽임을 당하였도다 내 형 요나단이여 내가 그대를 애통함은 그대는 내게 심히 아름다움이라 그대가 나를 사랑함이 기이하여 여인의 사랑보다 더하였도다 오호라 두 용사가 엎드러졌으며 싸우는 무기가 망하였도다"삼하 1:25-27

이는 헌신의 사람 요나단을 향한 최고의 노래였다.

인간이 소유할 수 있는 최고의 가치는 사랑하는 마음이다. 사랑하는 마음이란, 상대가 가치를 알고 그 가치를 실현할 수 있도록 자리를 마련해주는 마음이다. 또한 상대가 원하는 것을 얻을 수 있도록 도움을 주고 기도하는 마음이며, 상대가 유익을 얻을 수 있도록 자신의 소유를 기쁜 마음으로 포기하는 마음이다.

사랑하는 마음을 언제, 어떻게 보여주어야 하는지 정확히 말할 수 있는 사람은 없다. 다만 "요나단처럼 사랑이 온 인격에 스며들도록 하라. 가정에서나 일터에서나, 하나님께서 허락하시는 모든 상황 속에서 사랑하며 살라."고 말할 수는 있을 것이다.

사랑을 베푸는 사람만이 사랑을 품을 수 있다. 사랑하는 마음을 지닌 사람은 세상에서 가장 아름답고 귀한 가치를 소유한 사람이다. 아무리 돈이 많아도 마음이 넉넉하지 못하면 궁핍한 사람이고, 가난하더라도 마음이 기쁘고 담대하면 풍요로운 사람이다. 사랑은 사람이 천국에 가지고 갈 수 있는 유일한 소유다. 따라서 사랑을 위해 사는 사람은 영원을 위해 사는 것이다.

사랑이 위대한 이유는
영원토록 필요한 가치이기 때문이다.

넷째 주일 저녁 독서토론 모임

🕯️ 주제 토론
◈ 주제 토론은 두 사람씩 짝이 되어 1:1 토론으로 진행합니다.

엘리야는 악행을 저지르는 이스라엘 백성들에게 하나님의 뜻을 가르치고 그들 마음속에 거룩한 진리를 심는 것을 가장 소중한 가치로 여기며 이를 전하기 위해 최선을 다했습니다. 당신에게 가장 소중한 가치는 무엇인가요? 당신은 그 가치를 또 다른 사람에게 전하며 살아가고 있나요? 그렇게 하지 않는다면 그 이유가 무엇인지 토론해 보세요.

이 책에서는 인간이 소유할 수 있는 최고의 가치가 '사랑하는 마음'이라고 말합니다. 당신은 상대방이 원하는 것을 얻을 수 있도록 기도하며 도와주고, 그의 유익을 위해 당신이 가진 것을 기쁜 마음으로 포기할 수 있나요? 당신의 가정과 일터에서 사랑의 가치를 실현하려면 어떻게 해야 할지 토론해 보세요.

👥 찬반 토론
◆ 주어진 논제에 대해 찬성과 반대로 편을 나누고, 그렇게 주장하는 이유를 타당한 근거를 들어 토론합니다.

주위 사람들이 의심하고 비난하는 사람을 지지하는 것은 어리석은 일이다.

찬성 : 그렇다. 그 이유는

반대 : 그렇지 않다. 그 이유는

✏️ 독후감 쓰기
◆ 책의 주제가 잘 드러나도록 글을 써 보세요.

> **Tip** 적은 글을 홈페이지에 올려주시면 매월 장원을 뽑아 상을 드립니다.
> (요청하시는 분께는 첨삭해 드립니다.)

🏠 가족회의
◈ 오늘 가족회의의 안건과 결정된 내용을 적어보세요.

안건:

결정:

💜 중보기도
◈ 가족 모두 각자의 기도제목을 나누고, 서로를 위해서 기도해줍니다.

우리 가족	기도 제목

지혜를 얻는 교육, 패밀리북클럽

왜 패밀리북클럽인인가요?

패밀리북클럽은 지식 위주의 교육을 지혜를 얻는 교육으로 변화시킵니다. 지식 위주의 교육은 사람의 내면을 황폐케 합니다. 그래서 사람에게는 지식을 옳게 사용할 수 있는 지혜가 필요합니다. 그중에서도 말씀을 통한 하나님의 지혜는 필수적입니다. 이제 학교에 앞선 삶의 교육현장인 가정에 우리도 유대인 교육방식을 접목시킬 때가 되었습니다. 이제 패밀리북클럽이 이 역할을 감당해서 이웃을 사랑하는 지혜로 우리의 성품을 넉넉하게 채우려 합니다.

패밀리북클럽의 도서는 가정, 교회본질회복, 신앙일반, 시사, 기독교문학, 기독교역사 등 광범위한 주제를 다루면서 부모와 자녀 모두에게 큰 유익을 끼치게 될 것입니다. 패밀리북클럽을 통해 먼저 남편과 아내, 부모와 자녀가 서로 소통하고 사랑하면서 새로운 가족 관계로 거듭나게 되고, 그러다 보면 가정이 작은 교회가 되어 아버지의 영적 권위가 회복 되고 무너진 한국교회를 다시 세우는 데 능력 있게 쓰임 받게 될 것입니다.

패밀리북클럽은 왕 같은 제사장인 성도들을 깨우고 변화시켜 각자의 은사를 따라 사역에 동참케 하는 귀중한 사역입니다. 이를 위해서는 성도들이 변화 받아 하나님을 사랑하고 이웃을 사랑하는 삶의 능력을 실제로 체험하고 기뻐할 수 있어야 합니다. 성령님께 우리 자신을 온전히 내어드려야 합니다. 그래서 성령께서 우리 삶의 주인으로 우리의 생각과 입술과 귀와 발걸음을 주장하시게 해야 합니다.

어떤 효과를 얻을 수 있나요?

◆ 첫째, 개인의 창의력 교육과 함께 자유로운 대화를 통해 부모와 자녀 간의 친밀감이 확대되고, 대화가 단절되어 있던 가족에게 활발한 소통의 계기를 마련해 줍니다.

◆ 둘째, 서로 다른 생각을 나누다 보면, 서로를 이해하게 되고 자신의 생각의 틀을 넓고 깊게 확장시켜 건전한 자존감을 소유하게 됩니다.

◆ 셋째, 기독교 신앙의 전 분야에 걸친 내용을 읽고 토론함으로써 건강한 신앙인으로 자라나게 됩니다. 그러다 보면 왕 같은 제사장으로서의 자신의 사명을 깨닫고 건전한 신앙 가정과 교회를 세우는 데 크게 쓰임 받게 될 것입니다.

패밀리북클럽 사역이 가정에 뿌리를 내리게 되면 가정 예배와 컴파스 성경연구 그리고 컴파스 신학강좌로 그 영역을 넓히면서 실추된 교회의 위상을 다시 세우는 데 가정들이 쓰임 받게 될 것입니다. 모두가 한마음으로 기도하고 이 사역을 실천하여, 가정과 교회가 너무나 피폐해진 이 시대에 많은 사람들 앞에서 하나님의 위대하심을 다시 드러낼 수 있기를 간절히 소망합니다.

패밀리북클럽 사역에 동참하는 방법

전화 02-461-4141

홈페이지 www.familybookclub.co.kr

매달 신간을 보내드립니다.

이렇게 토론합니다

주제토론 : 글의 핵심내용에 관한 주제에 대해 토론합니다.

◆ 방법 : 가족들은 두 명씩 짝을 지어 1:1로 토론합니다. 1:1 토론은 상대방의 말에 집중하여 경청하고, 깊이 있는 토론을 할 수 있게 합니다. 매주 토론 시 짝을 바꿔 보고, 주어진 논제 외에도 토론자들이 자연스럽게 연관 질문을 하면 더욱 풍성한 토론이 됩니다. 가족 내 토론 문화가 익숙해지면 토론자들 스스로 주제에 맞는 논제를 만들어서 토론해도 좋습니다. (토론은 획일화된 정답을 알려주는 것이 아니라 자기의 생각을 이끌어내는 과정이므로, 정답을 강요하지 말고 상대방의 의견을 존중하며 끝까지 경청합니다.)

찬반 토론 : 논제에 대해 '찬성과 반대' 두 팀으로 나눠 주장하고 그렇게 주장하는 이유를 타당한 근거를 들어 토론하면서 서로의 가치관과 올바른 관점을 정리합니다.

◆ 방법: 제시하는 논제에 대해 두 팀으로 나눠 토론합니다. 예를 들어 가족 구성원이 4명이라면, 2:2로 찬성쪽과 반대쪽으로 팀을 나눠서 논제에 대한 주장과 근거를 찾아 토론합니다. (가족 구성원 수에 따라 1:1, 2:1

이 될 수도 있습니다.) 찬반토론은 서로 다른 의견을 경청하고 자신의 생각을 논리적으로 발언하는 과정을 통해 고정관념을 깨고 소통하도록 만듭니다. 또한 자기주장만 말하고 끝나는 것이 아니라, 각자의 주장을 들어보고 합의점을 찾아 결론을 내도록 합니다.

토론 소감 : 토론하면서 느낀 점이나 깨달은 점이 무엇인지, 내 삶에 어떻게 적용할 것인지를 자유롭게 이야기하면서 신앙을 정립합니다.

◆ 방법 : ① 주제 토론과 찬반 토론이 끝나면 함께 모여 토론하면서 느낀 점들을 돌아가면서 이야기합니다. ② 이야기한 내용을 정리해서 글로 적어봅니다. 꾸준한 글쓰기 습관은 글의 구성력과 논리력, 책의 핵심주제를 찾는 능력을 길러줄 뿐만 아니라, 기독교 신앙의 전 분야에 걸친 내용을 토론하고 정리함으로써 신앙의 본질을 이해하는 데 큰 도움을 줍니다.

가족회의 : 가족들이 다 함께 논의할 문제를 가지고 대화하며 모두가 인정하는 합리적인 방법을 찾는 시간입니다. 가족회의를 통해 가족의 대소사를 결정하면, 자녀들은 가족 구성원으로서 자부심과 책임감을 가질 수 있습니다.

◈ 방법: 부모와 자녀가 순서를 정해 사회자를 정하고, 사회자는 안건을 정합니다. 정해진 안건으로 가족 모두 토론하고 다수결을 통해 결정하고, 그 내용을 자신의 책에 기록합니다. (안건 예: '용돈 문제', '대청소 구역 나누기', '여름 휴양지 결정하기')

중보기도 : 가족 모두 각자의 기도제목을 나누고, 서로를 위해서 기도해줍니다.

◈ 방법: 서로의 삶을 나누고, 기도제목을 이야기합니다. 하나님께서 어떻게 기도에 응답 하셨는지를 확인하기 위해 기도제목을 기록해 둡니다.

독후감 쓰기 : 매달 마지막 주 모임에서는 책 전체에 대한 느낌과 감정들을 정리해서 독후감을 쓰게 됩니다.

◈ 방법: 독후감은 문자 그대로 책을 읽고 난 뒤의 소감이나 감상을 적은 글입니다. 그러므로 책을 읽은 후의 느낌, 교훈, 적용할 부분에 중점을 두면서 글의 주제가 드러나도록 쓰는 것이 좋습니다.

Tip. 적은 글을 홈페이지에 올려주시면 매월 장원을 뽑아 상을 드리고, 요청하시는 분께는 논술 교사가 첨삭해 드립니다. 부모와 자녀가 논술 실력을 향상시킬 수 있는 기회로 삼으십시오.

가족독서토론 시리즈 8
최선의 삶 Living for the best
초판 1쇄 발행 2015년 12월 10일

펴 낸 이	강안삼
지 은 이	제임스 G.K 맥클루어
옮 긴 이	박일귀
책임편집	지은정
제　　작	김제호
회원관리	이은화 최경순
북디자인	장우성

펴 낸 곳	미션월드 라이브러리
등록번호	제4-234호(1993.11.11)
주　　소	143-901 서울시 광진구 동일로 434(중곡동)
홈페이지	www.familybookclub.co.kr
전　　화	02) 461-4141
팩　　스	02) 462-5718

· 잘못 만들어진 책은 교환해 드립니다.
· 저작권법에 의하여 한국 내에서 보호를 받는 저작물이므로 무단 전제와 무단 복제를 금합니다.